Parenting on
the Autism Spectrum
A Survival Guide

自閉症スペクトラム障害の子どもの親となったあなたへ

子育ての手引き

リン・アダムズ
Lynn Adams

川合紀宗
Kawai Norimune

若松昭彦
Wakamatsu Akihiko

訳

北大路書房

【編集注】
米国精神医学会で2013年5月に改訂された診断基準DSM-5によって、広汎性発達障害（PDD）やアスペルガー障害（症候群）は自閉症スペクトラム障害（ASD）に統合されるかたちになりました。本書の内容は、診断基準を満たしていない人も含まれる自閉スペクトラム（AS）全般に役立つと思われます。

なお、本書が執筆された当時は、自閉症やアスペルガー障害等が診断名でした。自閉症スペクトラム障害という名称が使われるようになったのは、診断基準がDSM-5となった2014年であるため、過去の記述に関する部分、引用部分、解説部分、さらに広く一般の人たちで通用している用語などでは、自閉症、アスペルガー障害、広汎性発達障害などが使われており、本文中ではそれらが自閉症スペクトラム障害（ASD）と混在している場合があります。

PARENTING ON THE AUTISM SPECTRUM:
A Survival Guide —— Second Edition
by Lynn Adams

Copyright © 2013 by Plural Publishing, Inc.

This edition of PARENTING ON THE AUTISM SPECTRUM: A Survival Guide by Lynn Adams is published by arrangement with Plural Publishing Inc., San Diego, CA, USA through The English Agency (Japan) Ltd.

はじめに

　本書は，筆者が25年以上の間，光栄にも知り合い，親しくなり，愛してきたすべての自閉症スペクトラム障害（ASD）の子どもを持つ家族に背中を押されて書いたものです。本書には，保護者のみなさんにも簡単に導入できる視覚的な支援方法に関する新たな情報を盛り込んでいます。また，この自閉症スペクトラム障害の下位グループは，異なった経過をたどる傾向があるので，アスペルガー障害の人たちに関する章を設けました。さらに，子育ては高校卒業の時点で終わるものではないので，成人期への移行についての章も書きました。

　筆者の知識のほとんどは，みなさんから学んだものです！本書が親しみやすく，情報としての価値があり，示唆に富んだものとなることを願っています。

謝　辞

　彼らの愛する子どもたちに，光栄にも関わらせていただける機会を与えてくださった，すべての家族や友人たちに感謝します。また，文献の収集や図表の作成，そして本書を完成させるためにいつでも援助の手を差し伸べてくれた筆者のゼミの学生たちにも謝意を表します！

目　次

はじめに
謝辞

第 1 章　自閉症スペクトラム障害についての事実　11

定義　12
　　自閉症スペクトラム障害（Autism Spectrum Disorder: ASD）　12
　　アスペルガー障害（Asperger Syndrome）　18
精神障害の診断と統計マニュアル（DSM）　22
特性　25
　　実行機能　25
　　心の理論（ToM）　25
　　中枢性統合　26
保護者にとっての課題　27

第 2 章　賢明な消費者になるために　29

アセスメントの手続きとツール　29
　　自閉症スペクトラム障害のスクリーニングツール　32
　　診断ツール　33
　　心理教育的検査　35
　　適応行動評価尺度　35
インフォーマルアセスメント　36
教育的介入の方策　37
コミュニケーションのニーズに対応する　40
　　PECS　41
機軸反応訓練（PRT）　43
拡大・代替コミュニケーション（AAC）　45
ソーシャルストーリー　47
ソーシャルスキルグループ　49

選択肢を与える　52
　視覚支援ストラテジー　53
　　視覚スケジュール　53
　　チェックリスト　55
　　ヒントカード　56
　　色分けされた教材　57
　行動はメッセージである　58
　転ばぬ先の杖　61
　メルトダウンが起きた場合　62
　筆者の信念　65

第3章　自閉症スペクトラム障害の子どもが暮らしやすい家　67

　家全体の整理・整頓　67
　　子どもにとって安全な家　68
　　整理・整頓のコツ　68
　台所の整理・整頓　69
　トイレのしつけ　72
　体を動かすための空間　73
　共有スペースを機能させる　75
　　結果　76
　単なる寝室ではなく　77
　　おもちゃ　77
　　飾りつけ　78
　　ラベルを貼る　78
　きょうだいについて一言　79
　テレビでの出来事と現実の出来事　80
　ハイテクが役に立たないとき　81
　筆者の信念　82

第4章　おしゃべりして，遊んで，試して，なってみる！　87

　コミュニケーションスキルの発達　87
　　誕生　87

言語発達の概要　88
　　発音　89
　遊びと社会的スキルの発達　90
　　遊びを支えるスキル　91
　　遊びの発達　93
　　遊びの落とし穴　93
　社会的コミュニケーションの発達　95
　　言語発達　96
　　教訓的行動アプローチ　96
　　自然主義的行動アプローチ　97
　　言語発達支援アプローチ　97
　共同注意　98
　筆者の信念　100

第5章　学校が始まる！　102

　先を見越した計画　102
　　あらかじめ準備する　102
　　中学校への入学準備　103
　　高校での困難　104
　わが子について説明する　105
　　辛抱強さは美徳である　106
　　教育的介入に対する応答（RTI）　107
　　隠れたカリキュラム　109
　学校における教育的介入　109
　　TEACCH　109
　　ジッグラトモデル　112
　　COMPASS　113
　個別家族支援計画（IFSP）と個別指導計画（IEP）　114
　　小学校以降の段階　114
　学年延長と退行／挽回　115
　筆者の信念　116

第6章　行動に制御される前にそれを制御する　119

行動への教育的介入　120
　行動の機能分析　120
　積極的行動支援（PBS）　123
　行動契約　128
十代：孤高の戦士　129
筆者の信念　130

第7章　アスペルガー障害の子どもの特性　134

アスペルガー障害　134
認知能力　135
言語能力　138
社会的能力　140
感覚・運動スキル　142
アカデミックスキル　144
　読み　146
　書くこと　147
　話術　148
事例研究　155
筆者の信念　158

第8章　家族みんなで支える　159

鏡の中のものは見えているよりずっと近い　160
これまで関わってきた家族が教えてくれたこと　160
　アイリーンとチャド　160
　クリスタルとブライアン　161
　マットとセリーナ　162
　パトリシアと夏のドライブ　162
　シャーロットと価値の大きな得点　163
　アニーの青い仕切りのお皿　163
　スコットの収集品　164

マリリンとマギー　164
　　　放浪者ローガン　165
　　　アスペルガー障害の主唱者ジェイコブ　165
　　　生き字引ジョーダン　166
　　　陸上競技場のスター，アーロン　167
　リアルな人々からのリアルな情報　167
　筆者の信念　174

第9章　高校卒業後の進路　175

　移行支援計画　175
　社会の一員になるための準備　178
　高等教育機関や職業訓練施設へ入学するための準備　179
　対人関係　183
　筆者の信念　187

付録A　保護者が利用できる情報源　188
付録B　保護者のための基本用語　191
付録C　自閉症スペクトラム障害とアスペルガー障害のためのスクリーニング，
　　　　診断，評価ツール　201

引用・参考文献　203
索引　221
訳者あとがき　228

この本を，自閉症スペクトラム障害の子どもたちを持つ全世界の保護者に捧げます。

　　　　　　　　　　　　　　　　愛と光を！

第1章
自閉症スペクトラム障害についての事実

　子育ては，人が経験する最も大変な仕事の1つです。自閉症スペクトラム障害（ASD）と診断された子どもを持つことは，子育てが全く異なるレベルのものになります。保護者が直面する課題は数多く，その解決はとても難しいように思えるかもしれません。自閉症スペクトラムの障害の特性を理解することが，保護者として自信を持っていくための最初のステップです。「知識は力なり」という古いことわざがありますが，それが真実であるが故に，古いことわざなのです。

　保護者が理解しなければならない第1の真実は，自閉症スペクトラム障害があることは，子どもの行動や個人差の説明にはなりますが，決して言い訳として使われてはならないということです。保護者は，問題行動，すなわち克服すべき課題を自閉症スペクトラム障害と関連させて弁解したがるかもしれませんが，それでは，彼らの子どもを最も大きなハードル――現実の世界に生きること――に立ち向かわせることはできないでしょう。自閉症スペクトラム障害の子どもたちに，可能な限り多くの自立と成功で満たされた，最も充実した人生を送るための準備をさせていくことが，保護者と専門家の責務なのです。

　第2の真実は，第1の真実を本当に理解することは難しいということです。子どものために弁解したり，「仕方がない，自閉症スペクトラム障害なんだから」と言ったりする方がずっと簡単な場面も多いでしょう。真実は，彼が自閉症スペクトラム障害であるということです。真実でないのは，その子がどうしようもなく，ある行動にも取り

組めないということです。私たちは，可能な限り人間的な，最も生産的で意味のある行動に取り組めるように，子どもを援助しなければなりません。

その他の真実は，下記のようなものです。

- 自閉症スペクトラム障害のすべての子どもはユニークであり，彼ら自身のスキル，強み，欲求を持っています。
- 自閉症スペクトラム障害を治したり，「もとに戻し」たりできるような，単一の治療法・指導法は存在しません。
- 保護者が入手できる，自閉症スペクトラム障害についての多くの情報があります。しかし，それらは出版されているからといって，書かれていることが（目の前のわが子に）よく当てはまり，実際に役立つ，適切なものであるとは限りません（Willis, 2006）。

定　義

1940年代に，大洋を隔てた2人の医師が，子どもたちの中に見られる独特な社会性やコミュニケーションなどの行動に関する記述を始めました。彼らは別々に，現在では自閉症スペクトラム障害の中に含まれる，サブタイプを報告しました。彼らは同年代でしたが，協力し合うことはありませんでした。しかし，興味深いことに，重要な業績として後世に残る，大変よく似た論文を執筆したのです。

 自閉症スペクトラム障害（Autism Spectrum Disorder: ASD）

Kanner（1943）は，社会的な孤立，言葉の遅れ，同一性の保持，1人でいることへの強い欲求などを示す子どもたちについて報告しました。現在の自閉症／自閉症スペクトラム障害（以下，自閉症スペクトラム障害とします）の診断基準は，社会的スキルの障害，限定された行動パターンやコミュニケーション障害を含んでいます。社会的スキルの障害には，視線の合いにくさ，適切な対人的距離のとりにくさ，

社会的相互作用の欠如などがあります。限定された行動パターンには，反復行動や常同運動などが含まれます。コミュニケーション障害は，話し言葉がない状態から，極めて軽い言語障害まで幅があります。診断基準には含まれませんが，自閉症スペクトラム障害に関連して生じる症状には，感覚面の特異性（音，痛み，味，匂い，光，触覚，動きなどへの独特な反応），認知面の特異性（複数の情報を統合することが苦手，ある文脈で学んだことを他の文脈に応用できないという，一般化の問題），運動面の特異性（バランス感覚が弱い，目と手の協調ができない）などがあります（Aspy & Grossman, 2007）。

　自閉症スペクトラム障害は，コミュニケーションと社会的関係の顕著な困難さによって特徴付けられる生涯にわたる発達的，神経生物学的な障害であると定義されます。それは，情報処理の難しさ，感覚処理過程の問題，ルーティンや同じであることへのこだわり，反復的な運動などを含む非定型的な行動を特徴とする神経学的な障害です。自閉症スペクトラム障害はまた，注意の共有，社会的相互作用，行動や感情の調整，それだけに限定されるものではありませんが，コミュニケーション，象徴遊び，実行機能の問題（American Speech-Language-Hearing Association, 2006; Tsai, 2000）を含む言語・認知の障害等があります。自閉症スペクトラム障害の兆候は，一般的に生後18か月から36か月までに現れます（Neisworth & Wolfe, 2005）。以前はまれな障害と考えられていましたが，自閉症スペクトラム障害の出現率は1000人に1人（Bryson, 1997）から，ほぼ88人に1人（Centers for Disease Control and Prevention, 2012）◆1となっています。自閉症スペクトラム障害の診断は，遺伝子解析や医学的検査などではなく，観察される行動に基づいています。自閉症スペクトラム障害は，世界中のあらゆるところで，社会的階層や人種，民族にかかわりなく生まれています。

　感覚，社会性，言語，認知の4つの発達領域すべてが，自閉症スペクトラム障害による影響を受けます。感覚領域は，前庭感覚システムに加えて，5つの典型的な感覚（聴覚，臭覚，味覚，視覚，触覚）からなっています。自閉症スペクトラム障害の子どもは，一部あるいは全部の感覚システムに，その程度は様々ですが，障害がある可能性

があります（Grandin, 1992）。自閉症スペクトラム障害の子どもは，日常会話での言語の使用や社会的情報の処理困難の結果として，日々対人関係の困難に直面しています。

　自閉症スペクトラム障害の子どもには，様々な程度の認知面の障害がありますが，一般的な認知能力の評価方法は，言語理解や表出に依存しているため，認知能力の正確な評価が行いにくくなっています。自閉症スペクトラム障害は，知的障害や精神障害の一類型ではないのですが，どちらかに誤診されることもあり，その結果，治療法が効果的でないこともあります（Fullerton, Stratton, Coyne, & Gray, 1996）。自閉症スペクトラム障害は，知的障害や精神障害と合併することもありますが，知的障害は知能検査の実施と適応スキルの評価によって診断されるために，自閉症スペクトラム障害と知的障害の鑑別診断は難しいものとなります。自閉症スペクトラム障害の人たちは，いつも信頼できる反応をするわけではないので，認知や適応スキルの評価が難しくなります。さらに，自閉症スペクトラム障害の人は，典型的な，言語をベースとした認知検査に回答するために必要な，表出言語スキルを効果的に用いることができないかもしれません。また，子どもが幻覚や妄想があることを報告できない場合には，自閉症スペクトラム障害と統合失調症の鑑別診断も困難になるでしょう。

　結局のところ，自閉症スペクトラム障害は時間の経過とともに変化する障害です。ある行動がある年齢で現れても，後には消えるといった，ダイナミックなものなのです。そこには，発達と時には退行もあります。退行の原因やメカニズムはよく分かっていません。学校や他の療育サービスに籍を置かなくなったときに退行する子どももいますし，病気になったときにスキルの退行を示す子どももいます。この障害そのものと関連した，また自閉症スペクトラム障害の子どもを育てる中での成長・退行は確かにあります。適切な支援と療育があれば，自閉症スペクトラム障害の子どもは様々なスキルや能力を持ち，適応力を備えた人になることができます。子どもの人生の中でのこの障害の経過を，適切かつ正確に描写できる唯一の記述などはないのです。

　自閉症スペクトラム障害は，一般的な意味での情緒的な障害ではありません。このことは，自閉症スペクトラム障害の人は周囲やその刺

激に対して，尋常でない感情的・行動的な反応をしますが，彼らは情緒的な障害とは考えられていないということです。しかしながら，最近，この領域に関する教育制度の中に，自閉症スペクトラム障害やアスペルガー障害の診断を拒否して，情緒障害のラベルをつけることを好むという不穏な動きがあります。その結果，この教育制度では，「問題行動」のある子どもを学級から追い出し，校内・学外での停学プログラムに措置するようになっています。

　自閉症スペクトラム障害の子どもたちには感情がないわけではありません。彼らが感情的な反応を欠いていると考えることは，明らかに誤りです。実際，彼らは，喜び，恐れ，怒り，幸福などの様々な感情を持っています。しかし，彼らは，特定の場面で期待されるものとは異なった仕方で，こうした感情を表出する傾向があります。感情が欠けていると，しばしば誤解されるのは，この不一致があるためなのです。ちなみに，自閉症スペクトラム障害の子どもは，他人の社会的な反応に応えないことがあります。彼らはほめても反応しなかったり，叱っても無反応かもしれません。彼らは，髪が汚れているよ，などと言っただけでひどく混乱してしまうかもしれませんが，通りを走ってはいけません等の重大な警告には無反応だったりします。

　自閉症スペクトラム障害の子どもは，他人と接触することを積極的に避けるのでしょうか？　答えは「ノー」です。彼らは関わりを避けるかのようなやり方で他人と接するかもしれませんが，親しい人と好きな物のどちらかを選べるような条件では，自閉症スペクトラム障害の子どもたちは親しい人を選んだという研究もあります（Frith, 1989）。視線に関しては，子どもは目を合わせることを積極的に避けるという，自閉症スペクトラム障害に関連する別の神話もあります。目を開いた人の顔と目を閉じた人の顔，他の事物の写真を提示すると，自閉症スペクトラム障害の子どもは，開眼，閉眼にかかわらず，人の顔の方を長く見ていました。興味深いことに，彼らはそれ以外の時間には，ほとんど事物を見ていませんでした。それなのに，なぜ視線を避けるという見方が続くのでしょうか？　Frith（1989）によれば，その理由は簡単です。子どもは，人やファイルキャビネットを一瞬見るのですが，ファイルキャビネットは訴えることができないからです。

定義

つまり，その他の時間には，子どもは何も見ていないかもしれないのですが，視線が向けられた時間の短さに気づくのは他人だけであるということです。心に留めておくべきは，自閉症スペクトラム障害の子どもは期待されるときに目を合わせず，期待されていないときに目をそらさないということです。結局のところ，目を合わせないことは，人との接触を避けるというよりも，会話での慣習を理解できていないことに関係しているのです。目を合わせることは恐ろしいと述べている自閉症スペクトラム障害の成人もいます。彼らはみな，他人にじっと見られると，挑まれているように感じると言っています。1〜2秒以上目を合わせることが続くと，彼らは見つめられていると感じると報告しています。

　自閉症スペクトラム障害に関して，よくある別の誤解は，自閉症スペクトラム障害の人たちは，サヴァン症候群として知られる特別な才能やスキルを持っているということです。確かに，サヴァン症候群は自閉症スペクトラム障害に併発することがあり，自閉症スペクトラム障害全体の約5％を占めていますが（Randall & Parker, 1999），この2つは全く別の症候群です。サヴァン症候群は，ずば抜けた音楽的能力や計算スキルを持っていることがあります。一度曲を聴けば，それを完璧に演奏できる人もいます。複雑な計算を暗算で行い，しばしば計算機より速い人もいます。過去でも未来でも，ある日付を言うと，その曜日を正確に答えることができるスキルを持つ人も報告されています。筆者は，20年以上に及ぶ臨床実践の中で，両方の症候群を持つ人々に会ったことはありません。筆者は，彼らの狭い興味や関心に関連した優れた才能を持つ子どもや大人たちと出会ってきたのです。

　自閉症スペクトラム障害に関する別の神話は，自閉症スペクトラム障害の人たちはみな，何らかの形の自傷行為を行うということです。多くの自閉症スペクトラム障害の子どもたちは，自分にひっかき傷をつけたり噛んだり，頭を叩いたりしますが，自閉症スペクトラム障害の子どもたち全員に自傷があるわけではありません。このことと関連して，他人を操るために自傷行為を行う子どももいることに注意が必要です。おもちゃを与えられないときに自分の頭を叩き，その後にお

もちゃが与えられた子どもは，頭叩きは，望みの結果を手に入れるための効果的な手段であることを学習するかもしれません。保護者はしばしば，子どもの激しいパニックや「メルトダウン」を恐れるので，子どもは，メルトダウンの脅しを，状況を操作するための手段として使うことを覚えるのです。

　自閉症スペクトラム障害は，不適切な子育て，すなわち愛情や養育の欠如によるものではありません。自閉症スペクトラム障害は，中枢神経系に影響を与える何かによって引き起こされます（Janzen, 2003）。中枢神経系へのダメージに関係している条件には，これらに限られるものではありませんが，遺伝要因，ウイルス感染，出生時または出生直後の低酸素あるいは無酸素症，代謝障害，胎児期の薬物・アルコール曝露，鉛や水銀などの環境毒，外傷性脳障害（TBI）などがあると考えられています（Gillberg, 1990; Gillberg & Coleman, 1992）。

　自閉症スペクトラム障害の子どもを養育したり，一緒に暮らしたりすることは，保護者やきょうだいに大きなストレスを生じさせる可能性があります。自閉症スペクトラム障害は，他の障害よりも大きなストレスを家族に与えることが示されています（Bagenholm & Gillberg, 1991; Davis & Carter, 2008; Fisman & Wolf, 1991）。ダウン症の子どもの母親と比べて，自閉症スペクトラム障害の子どもの母親は，子どもからの愛着行動や得られる満足感がより少ないと述べています。これは，自閉症スペクトラム障害の子どもの反応が少ないことに直接的に関連しているようです。自閉症スペクトラム障害という診断を初めてなされた際に折り合いがつけられなかった母親，つまりその診断を受け入れられなかった母親は，診断を受け入れられないままでいる父親よりも，子どもの予後により否定的な影響をもたらします（Milshtein, Yirimiya, Oppenhein, Koren-Karie, & Levi, 2010）。保護者にリフレッシュする余裕を与えるレスパイトケア◆2は重要で，そのおかげで彼らは自閉症スペクトラム障害の子どもをうまく育てることができます（Abelson, 1999）。自閉症スペクトラム障害の子どものきょうだいは，保護者から肯定的な注目を得ることがなかったと述べています。また，家事やきょうだいの世話をよくやったと報告してい

ます（Howlin, 1988; Rivers & Stoneman, 2008）。

他のよくある神話は，次のようなものです。

- 自閉症スペクトラム障害の子どもたちは，自分だけの小さな世界に住んでおり，そこから抜け出すことはできません。
- 自閉症スペクトラム障害の子どもたちは，触れられたり抱きしめられたりすることを好みません。
- 自閉症スペクトラム障害の子どもたちには，全員知的な障害があります。
- 自閉症スペクトラム障害の子どもたちは，他人とのコミュニケーションや交流を学ぶことができません。
- 自閉症スペクトラム障害の子どもたちは，…できません。等々。

これらはいずれも正確ではなく，文献によって裏付けられたものでもありません。自閉症スペクトラム障害の子どもは，学んだり，コミュニケーションを図ったり，交流したり，そして実際に，彼らの「世界」から抜け出したりすることができるのです（Aspy & Grossman, 2007; Willis, 2006）。

アスペルガー障害（Asperger Syndrome）

1944 年に，東欧の Hans Asperger は，Kanner の報告に類似した障害について記しました。彼は，学者ぶった会話をするという，社会的なコミュニケーションの障害を示す子どもたちのことを記述したのです。彼らには，普通に見られるような，やりとりのある会話ではなく，自分が選んだ話題について他人に講義するかのように話す傾向がありました。また，Asperger は，彼が出会った子どもたちは，正常な認知能力を示し，一般的な言語発達の遅れは見られないことも報告しました。Asperger は Kanner と同時代の人物であるにもかかわらず，アスペルガー障害がさも新しい障害であるかのように思われるのは，Asperger は第二次世界大戦中の 1944 年に論文を書いていた

にもかかわらず，1981年まで英訳されなかったからです（Ozonoff, Dawson, & McPartland, 2002）。

　アスペルガー障害は，Kannerが報告した自閉症の亜型かもしれませんし，別のものだが関連する障害かもしれません。一般的な自閉症スペクトラム障害とアスペルガー障害には多くの共通点がありますが，理解され言及されなければならない多くの違いがあることを認識することもとても重要です。

　6歳頃までは，アスペルガー障害の子どもたちは，高機能自閉症の子どもたちと大きな違いはありません。Macintosh & Dissanayake（2004）は，アスペルガー障害は高機能自閉症とは別個の障害であるという見解を支持する十分な証拠はないと述べています。アスペルガー障害の子どもたちの認知プロフィールは，言語性IQが動作性IQよりも高くなっています（Volkmar, Lord, Bailey, Schultz, & Klin, 2004）。アスペルガー障害と高機能自閉症の鑑別診断のためにDSM-IVの診断基準を用いている他の2つの研究は，グループとしては，アスペルガー障害の人たちは，高機能自閉症の人たちよりも，より高い言語性IQを示すが，個人のレベルでは，高い言語性IQはアスペルガー障害の人たちに特有のものではないことを示す，大きな個体差があると述べています（Ghaziuddin & Mountain-Kimchi, 2004; Miller & Orzonoff, 2000）。

　アスペルガー障害と双極性障害や何らかの合併症との鑑別も，とても興味深いことです。最近では，アスペルガー障害の子どもたちが双極性障害と誤診され，効果の上がらない薬物治療を受けていたりしました。誤診は，適切な治療や，社会的な場面，学校，人間関係などで成功するために重要なスキルの学習を妨げます。アスペルガー障害の診断は2歳頃に可能ですが，ほとんどの子どもたちは，中学校かそれ以降までは診断されません。「過去12年間，現在の診断基準でしか診断されてこなかったので，何がアスペルガー障害で，何がそうでないのかについて大きな混乱がある」，メニンガークリニックの青年期治療プログラムで働く心理学者であり，ベイラー医科大学メニンガー精神医学・行動科学部門准教授のDan Hoover博士はこう述べています。「アスペルガー障害は，それを探し求める臨床医には過剰

診断され，何を探したらいいのか分からなかったり，患者にアスペルガー障害のラベルを貼りたくない臨床医には見逃されます」(Schafer Autism Report, 2006)。私たちが発見し，現在検討中の鑑別診断の1つのポイントは，言語で表現されたユーモアへの反応です。観察や試験的なプロジェクトを通じて，アスペルガー障害の青年は，グリーティングカードにある言葉遊びに対する反応が，双極性障害の青年たちとは異なっていることを見出したのです。言葉遊びやだじゃれが書いてあるカードを見たときに，アスペルガー障害の人たちは，なぜそのカードがおかしいのかが理解できず，そのジョークを理解するための解説を要求したのに対し，双極性障害の人たちは，カードのユーモアを容易に理解したのです。

　アスペルガー障害と他の多くの障害が合併することを支持する証拠があります。それらには，強迫性障害，うつ病，トゥレット障害，気分障害，注意欠如障害，統合失調症などがあります（Volkmar & Klin, 2000）。このように，アスペルガー障害は精神障害と合併することがあるのですが，薬物治療や行動療法，言語聴覚療法を含む，正確で効果的な治療プランを立てるために，注意深い鑑別診断が行われる必要があります。

　筆者が所属するセンターに紹介されてくる子どもたちは，よく「関連する」困難や障害の長いリストを持ってやって来ます。このリストには，注意欠如・多動性障害（多動を伴うものと伴わないもの），中枢性聴覚処理障害，反抗挑戦性障害，強迫性障害，他の様々な不安障害などが含まれています。確かにアスペルガー障害は，こうした他の障害のいずれか，そして全部と合併し得るのですが，アスペルガー障害の特性には，これらの「関連する」問題のすべてに深い関わりのある行動が含まれていることに注意することが重要です。この「長いリスト」は，アスペルガー障害の子どもの保護者にとって，しばしば威圧的で，分かりにくく，圧倒されるようなものです。

　アスペルガー障害は，子どもに学習困難を生じさせることがあります。不注意や被転導性は，教室での子どもの活動に影響を与えます。アスペルガー障害の子どもたちは，細部に注目して，大事な事柄や本質を見落とすために，しばしばある状況や場面で何が重要なのかを理

解することが難しいという意味での，図－地の判断の困難さを持つ傾向があります。アスペルガー障害の子どもたちは，興味や注意の範囲の極端な狭さや，トンネル視を示します（Myles & Simpson, 2003）。教室は刺激に満ち溢れているので，アスペルガー障害の子どもは，授業の一部分のみに注目して，他のすべての刺激を無視してしまうかもしれません。アスペルガー障害の子どもは，とても興味のある文章だけに注意が向き，その文章に関する教室での討議を無視してしまう可能性があります。その子どもは文章を暗記するかもしれませんが，討議の内容を自分の知識に統合することができず，その話題に関する知識は限られたものになるでしょう。

　アスペルガー障害の人たちは，多くの場合，聴覚的学習者というよりもむしろ視覚的学習者です。そのため，授業がより講義的なものや討論的なものになるまでは，学校で苦労することはないかもしれません。アスペルガー障害の子どもは，視覚的な支援が利用できる場合には，授業をよく理解することができますが，こうした文脈理解のための支援がないと，彼らは理解できなくなってしまいます。同様に，アスペルガー障害の子どもは，十分な構造化が行われているときには，教室で要求されることに対処できるかもしれません。学年が上がるにつれて，普通は4～5年生あたりで，構造化の程度は減少します。これは，この年齢段階で生じる社会的な成熟と一致しています。不幸なことに，構造化やルーティン，ルールなどが必要な子どもにとって，このことは大変に厄介な問題となります。「行動」の問題を示すことがなかったアスペルガー障害の子どもたちが，突然イライラしたり，欲求不満になったり，それらを行動で表したりすることもあります。

　アスペルガー障害の子どもたちは，学校ではしばしば，不作法，攻撃的，無礼などと言われます。これらの問題は，「隠れたカリキュラム」と呼ばれるものから生じている可能性があります（Myles & Simpson, 2003）。隠れたカリキュラムとは，生徒たちの俗語や隠語，「みんなが知っている」が，明確に述べられていないルールなどを指しています。ある教師は，教室で小声の話し合いを認めますが，他の教師は認めません。しかし，どちらの教師も，これらのルールを公表していません。アスペルガー障害の子どもは，自分を中心に考え，教

定義

師が望んでいることを理解できないことがあるので，どのような行動が教師に認めてもらえるかが理解できないかもしれません。地域社会の隠れたカリキュラムには，見知らぬ人に話しかけないなどのことが含まれます。しかしながら，もし見知らぬ警察官がアスペルガー障害の子どもに何か尋ねたとすれば，彼はきちんと尋ねられたことに答える必要があるでしょう。一般に，アスペルガー障害の子どもたちは，全か無かのルール，例外を許さない黒か白かの判断をします（Myles & Simpson, 2001）。

精神障害の診断と統計マニュアル（DSM）

　DSMは，自閉症スペクトラム障害に関する項目に大きな変化を伴って改訂されました。今回の改訂では，アスペルガー障害は独立した障害から除外されました。また，特定不能の広汎性発達障害（PDD-NOS）のカテゴリーも削除されました。PDD-NOSの削除は，多くの人々にとって前進であると考えられています。というのは，この診断名は，しばしば後にアスペルガー障害と診断されたり，「高機能」自閉症として記述されたりする子どもたちが属するものであったからです。その発想は，自閉症スペクトラム障害の定義の拡大と「社会的（語用論的）コミュニケーション障害」という新たなカテゴリーは，以前ではアスペルガー障害やPDD-NOSと診断されていた人々が含まれるだろうというものです。そのことが，これまでアスペルガー障害と診断されていた子どもたちにどう影響するかについては，引き続き検討中です。しかしながら，この提起された変化と，彼らが子どもたちにどのように働きかけるのかを保護者が理解することが重要です。

　新しい自閉症スペクトラム障害の診断基準は，下記のようなものです。◆3

A. 複数の状況で，一般的な発達遅滞によっては説明できない，社会的コミュニケーション及び対人的相互反応における持続的な障害があり，下記の3

つがすべて現れる：
1. 相互の対人的−情緒的関係の障害；対人的に異常な近づき方をしたり通常の会話のやりとりができないといったものから，興味，情動，感情や反応を共有することの少なさ，または社会的相互反応の開始が全くできないことまでに及ぶ。
2. 対人的相互反応で非言語的コミュニケーション行動を用いることの障害で，まとまりの悪い言語的，非言語的コミュニケーションから，視線を合わせることや身振りの異常，または非言語的コミュニケーションの理解や使用の障害，顔の表情や身振りの完全な欠如までに及ぶ。
3. 発達水準に相応した（養育者との人間関係を超えた），人間関係を発展させ，維持することの障害；様々な社会的状況に合うように行動を調整することの困難さから，ごっこ遊びを他人と一緒にしたり，友人を作ることの難しさ，または仲間に対する興味の欠如までに及ぶ。

B. 下記の少なくとも2つにより示される，行動，興味，活動の限定的，反復的なパターン：
1. 常同的または反復的な会話，身体運動，物の使用（単調な常同運動，反響言語，反復的な物の使用，独特な言い回しなど）
2. 過剰な同一性への固執，言語的・非言語的な儀式的行動，変化への過度な抵抗（儀式的な動作，同じ道順や食物への固執，質問の反復，小さな変化に対する極度の苦痛など）
3. 強度や対象において異常なほど，非常に限定され，焦点化された興味（一般的ではない対象への強い愛着または没頭，過度に限局した，または固執した興味など）
4. 感覚刺激に対する過敏さまたは鈍感さ，または環境の感覚的側面に対する並外れた興味（痛みや熱さ，冷たさに無関心のように見える，特定の音や触感への嫌悪，対象を過度に嗅いだり触れたりする，光や回転する物を見ることに熱中するなど）

C. 症状は発達の早期に存在していなければならない（しかし，社会的要求が制限された能力を超えるまでは，症状は完全に現れないかもしれない）。

D. 症状全体で日常生活の機能を制限し，損なう（American Psychiatric Association, 2012a）。

新しいカテゴリーである社会的（語用論的）コミュニケーション障害の診断基準は，下記のようなものです。

A. 語用論，すなわち自然な文脈での言語的及び非言語的コミュニケーションの社会的使用における持続的な困難さがあり，それは，言語構造や文法，全般的な認知能力の領域における能力の低さでは説明できない，社会的相互作用や対人関係の発達に影響を及ぼす。

B. 語り，説明，会話のための，話し言葉，書き言葉，他の様式の言語（サイン言語など）の獲得や使用における持続的な困難さがある。症状は，会話での理解や表出，意識に個々に，あるいは組み合わさって影響し，現れる症状や領域，様式などは年齢によって変化するが，青年期，成人期まで続くことがある。

C. 自閉症スペクトラム障害は除外する。自閉症スペクトラム障害には，語用論的なコミュニケーションの障害が含まれるが，限局した反復的な行動，興味，活動のパターンも含んでいる。そのため，社会的（語用論的）コミュニケーション障害と診断するためには，自閉症スペクトラム障害は除外される必要がある。社会的（語用論的）コミュニケーション障害は，主障害あるいは自閉症スペクトラム障害以外の障害（語音障害，学習障害，知的障害など）と併存し得る。

D. 症状は発達の早期に存在していなければならない（しかし，会話や言語，コミュニケーション上の要求が制限された能力を超えるまでは，症状は完全に現れないかもしれない）。

E. 社会的コミュニケーション能力の低さは，効果的なコミュニケーション，社会参加，学業成績，職業能力の1つ，または複数に機能的な制限を与える（American Psychiatric Association, 2012b）。

◆4 ◆5
DSM-5は本書の原著が出版された後の2013年に出版されました。

特　性

実行機能

　実行機能は，一度に複数の作業を行ったり，いくつかの作業を行うプランを立てて，それらを体系化し，完成させたりする力であると定義されます。実行機能には，記憶，行動抑制，柔軟性，行動モニタリング，自己調整などの，とても多くの心理的・認知的な処理過程が必要とされます（Aspy & Grossman, 2007）。実行機能の障害は，自閉症スペクトラム障害の人たちに顕著に見られるとされてきましたが，現在では，この障害は自閉症スペクトラム障害の中核症状ではなく，単なる随伴症状であると考えられています（Hughes, 2001）。前頭葉（額の辺り）が，こうしたスキルや活動をコントロールする部位であると考えられています（Goldberg, 2001）。

心の理論（ToM）

　他人の視点に立ったり，自分の行為が他人にどのように影響するのかを理解する力が，社会的な認知，あるいは心の理論（Theory of Mind: ToM）の中核となるものです。ToM の障害が自閉症スペクトラム障害の基本症状なのかどうかは確定していませんが，確かに，この認知的スキルは，社会生活を円滑に送っていくために重要なものです（Baron-Cohen, Tager-Flusberg, & Cohen, 1993）。ToM の障害は，「マインドブラインドネス」と言われる状態につながります。マインドブラインドネスは，他人の行動を理解し，説明し，予測する能力を制限します。多くの人は，自閉症スペクトラム障害の子どもとたまたまぶつかった子どもが，自閉症スペクトラム障害の子どもから，叩かれたと非難される場面を見たことがあるでしょう。マインドブラインドネスは，何が偶然で，何が意図的なのかを判断する子どもの能力に影響を与えるのです（Baron-Cohen & Swettenham, 1997）。

　ToM によれば，彼や彼女自身，他人の理解は，精神世界について

の知識や信念に寄与するとともに，それらによって制限を受けます（Adams, 2005）。Baron-Cohen（1990）は，よくあるような例で，認識や精神状態を表す言葉の使用について説明しています。

> ある男が店から出て，通りを歩いています。通りを半分ほど行ったところで，急に彼は立ち止まり，回れ右をして，店に走って戻ります（私たちは，その男が店に何かを忘れたことを思い出して，それを取りに戻りたいと思ったこと，彼はそれがまだ店にあるだろうと信じていることを当然理解しています）。その男は，再び店から出てきましたが，今度は地面を探しながらゆっくり歩き回っています（そのとき，私たちは，彼が店にあると考えた物が店にはなく，今は，彼がそれを店の外で落としたかもしれないと考えていると推測します）。（p.86）

この例は，その場面を見ている人の見方に加えて，この男がたどった思考過程をはっきりと示しています。もし私たちに精神状態を表す言葉を理解する力がなかったら，この男の行動は異様に見えることでしょう。

ToMが未発達だと，人はメッセージを字義通りに解釈し，皮肉のような意図的な表現も，話し手の意図通りには理解されないことでしょう。話し手の言語的・非言語的な意図を解釈するのは聞き手の責任です。意図した意味が正しく受け取られているかどうか，会話中での修復が必要かどうかをチェックするのは話し手の責任です。コミュニケーションにギャップがある場合に，心を読む能力は，効果的なコミュニケーションのための重要な側面であり，社会的状況の理解や行動の予測を手助けするのです（Watters, 2005）。

中枢性統合

中枢性統合とは，情報を適切で意味のある統一体に統合することです。Frith（1989）は，自閉症スペクトラム障害の子どもたちに見られる認知面の障害は，中枢性統合の問題に比べると二次的なものであ

ると述べました。この考えは、その後の研究者たちによっても支持されています（Booth, Charlton, Hughes, & Happe, 2003; Burnette et al., 2005; Pellicano, Maybery, & Durkin, 2005）。実行機能、ToM、弱い中枢性統合の三者の相互作用が、ほとんどの自閉症スペクトラム障害の子どもたちに存在すると考えるのが、最も妥当なように思われます。

保護者にとっての課題

　よいものであれ、悪いものであれ、行動は保護者によって気づかれ、解釈され、取り扱われなければなりません。一貫した反応が、この領域での成功の鍵です。第2章では、利用可能な支援方法や、いかにして賢い消費者になるのかということに関する情報を提供します。

　家族が暮らしたり、働いたりする物理的空間は、自閉症スペクトラム障害の子どもの発達に影響を与えます。第3章では、家庭の構造化の大切さや感覚的なニーズなどに焦点を当てました。

　遊びや社会的スキルの発達は、とても重要な領域です。遊びは社会的スキルを獲得するために不可欠なので、第4章では遊びの発達の道すじや効果的な支援方法、注意すべき点などを中心に記しています。

　学業――この言葉だけを聞くと、とんでもない！ と思われるかもしれませんが、ここではそのような意味合いではありません。第5章では、学校生活をサポートする方法について触れています。さらに、「隠れたカリキュラム」の問題についても論じています。

　第6章では、行動管理と、その課題について述べています。

　本書を通して論じられていますが、アスペルガー障害に関する課題は、一般的な自閉症スペクトラム障害のものと異なるために、アスペルガー障害についての章（第7章）を設けました。

　第8章には、保護者のために、実際に保護者が語った、子育てのヒントなどを載せています。最後の章では、学校から青年期への移行や、この時期に家族が直面する課題について述べています。

　読者のみなさんは、各章で、この障害のある子どもたちとの20年

余りの経験から，筆者が考えたり感じたりしていることについての記述を目にするでしょう。ここでは，特定の理論やアプローチ，方略，治療法，指導法などを勧めているわけではありません。これらは，筆者の経験から得られた，役に立ちそうないろいろな情報を提供するものです。

取り組んでみましょう

1. 一般的な自閉症スペクトラム障害とアスペルガー障害は，どのような点が似ていて，どのような点が異なっているかについて話し合ってみましょう。
2. あなたの家族が直面する課題は何かについて話し合ってみましょう。

------ 訳注 ------

- ◆1 Centers for Disease Control and Prevention. (2012). Prevalence of Autism Spectrum Disorders: Autism and Developmental Disabilities Monitoring Network, 14 sites, United States, 2008. *Morbidity and Mortality Weekly Report Surveillance Summaries*, 61(3), 1-19. 本文献の書誌情報は原著に記載がなかったが，訳者の方で補った。
- ◆2 特別なニーズのある子どもから離れる時間を保護者に提供するための支援。
- ◆3 本書の「自閉症スペクトラム障害」の診断基準（p.22, 23）は，DSM-5 の草案に基づいており，DSM-5 の E 項（これらの障害は，知的能力障害や全般的発達遅延ではうまく説明できないが，知的能力障害と自閉症スペクトラム障害はしばしば併存する等の記述）が記載されていない。また，同診断基準 A 項の「障害」は，DSM-5 では「欠陥」と訳されている。
- ◆4 American Psychiatric Association. (2013). *Diagnostic and statistical manual of mental disorders* (5th ed.). Washington, D.C.: Author.／米国精神医学会（監修）　日本精神神経学会（監修）高橋圭郎・大野　裕（訳）(2014). DSM-5 精神疾患の診断・統計マニュアル　医学書院
- ◆5 本書の執筆時点では，DSM-5 はまだ公開されておらず，「社会的（語用論的）コミュニケーション障害」の診断基準（p.24）C 項は，DSM-5 にはない。

第2章

賢明な消費者になるために

　すべての自閉症スペクトラム障害の子どもに効果のある，万能の治療法・指導法はありません。ですから，保護者は賢い消費者にならなければなりません。ある治療法・指導法を試してみる前に，単なる推薦文や宣伝文ではなく，その方法を客観的に分析し，支持する研究の文献を読みましょう。このことは，治療が高額になりそうな場合には特に重要です。話がうま過ぎるように思えたら，多分その通りです。もし「治る」と言われた場合には，慎重に事を進めましょう。

　　　それが汝の道理や常識と一致しない限りは，何事も信じることな
　　かれ。
　　　　　　　　　　　　　　　　　　　　　　　　　　　　仏陀

アセスメントの手続きとツール

　50％以下の自閉症スペクトラム障害の子どもたちは，生まれた時点で障害の兆候を示します。つまり，半数以上の自閉症スペクトラム障害の子どもたちは，明らかな発達の停止や獲得したスキルの深刻な退行を示す前に，正常な発達の経過をたどるように見えます。この発達の変化は，通常，18〜24か月の間に起こります（Pangborn & Baker, 2001）。アスペルガー障害の子どもたちは，彼らが抽象的思考や社会的相互作用の困難さ，欲求不満の増大などを示し始めるま

では診断されないかもしれません。アスペルガー障害の子どもが，注意や行動上の問題があると誤診され，効果的な治療や個別指導計画の開始が遅れることは珍しくありません（Kaufman & Lord Larson, 2005）。

　最初の診断作業は，家族と子どもにとって最も不安に満ちたものになります。教育者や医療・保健などの専門家を含むチームが，しばしば数時間以上にわたって子どものアセスメントを実施します。アセスメントには，広範囲に及ぶ保護者へのインタビューも含まれます。子どもは，健康の専門家によって1対1で評価されたり，いわゆるアリーナ型アセスメントによって，複数の評価者が子どもに同時に関わったり，検査室に同席したりします。保護者も子どもも，この目まぐるしさに圧倒されることでしょう。アセスメントは，家族へのストレスを最小限にしながら，最善の情報を得ることができるように組織化されることが重要です。

　自閉症スペクトラム障害に関連した認知面の成績は，重度の障害から平均以上の能力までに及ぶと述べられています。確かに，認知能力の評価の正確度については，多くの自閉症スペクトラム障害の子どもにおいて疑わしいものです。認知能力の検査は，その性質上，自閉症スペクトラム障害の人たちにとって懸念される領域である，動機付けと共同注意を必要とします。多くの認知機能の検査は，好成績を上げるためには効率的な言語処理や表出スキルを要求する，言語能力を基盤としたものです。非言語性の知能検査もあり，これらは，認知能力を測るあらゆる機会で活用されるべきですが，非言語性検査も，やはり動機付けと共同注意を必要とします。

　自閉症スペクトラム障害の子どもたちのアセスメントのために，標準化された検査を用いることの問題点は，実際に自閉症スペクトラム障害の子どもたちで標準化を行った検査が少ないことです。さらに，こうしたタイプの検査は，必ずしも柔軟な実施が認められないので，自閉症スペクトラム障害の子どもたちにとって過度に不利なものになります。結果的に，これらの検査の信頼性が揺らいでしまうかもしれません。こうしたタイプのアセスメントは，自閉症スペクトラム障害の子どもたちの，日ごとの，時にはその場面ごとの成績の変動によっ

て不安定なものになります。子どもは，あるセッションの間に，気が散ったり注意散漫になったりするかもしれません。動機付けは，自閉症スペクトラム障害の子どもたちが好成績を上げるために重要なものであり，標準化された検査は動機付けを制限する可能性があります（Janzen, 2003）。

　最初のアセスメントを効果的に行うためには，その時点で必要とされる情報を提供してくれるようなアセスメントツールを選ばなければなりません。自閉症スペクトラム障害やアスペルガー障害の子どものアセスメントに利用できる様々なスクリーニング・診断ツールがあります。妥当な信頼できるツールを選ぶことが重要です。心理測定的に重要であると考えられているスクリーニング・ツールがいくつかあります。これらには，自閉症スクリーニング質問紙（Ages and Stages Questionnaire: ASQ）（Squires, Potter, & Bricker, 1999），親による発達状況評価（Parents' Evaluation of Developmental Status: PEDS）（Glascoe, 1997），コミュニケーション・象徴行動尺度発達プロフィール（Communication and Symbolic Behavior Scale Developmental Profile: CSBS DP）（Wetherby & Prizant, 2002）などがあります。これらの3つとも，発達の遅れた子どもたちの判定で，80％近い特異度（偽陰性が少ないこと）と感度（偽陽性が少ないこと）を持っています（American Speech-Language-Hearing Association, 2006）。

　一般的なスクリーニングツールを使った後に，自閉症スペクトラム障害に特化したスクリーニングツールがいくつか利用できます。自閉症スペクトラム障害のある乳幼児の臨床研究の難しさのために，これらのツールの使用を推奨する根拠としては，限られた経験的なものしかありません。医療関係者や教育機関は，すでに発達障害があると診断された子どもたちに，これらを使うことで，限定的ながらも妥当性があることを示しています。一般的な，または自閉症スペクトラム障害に特化した，これらのスクリーニングツール集団に対して用いるためには，さらに妥当性を高める必要があります（American Speech-Language-Hearing Association, 2006）。下記の自閉症スペクトラム障害に特化したスクリーニングツールは，限られてはいますが，信頼

できる心理測定関係の評価で，感度や特異度を持つことが示されています。

自閉症スペクトラム障害のスクリーニングツール

乳幼児期自閉症チェックリスト 修正版（M-CHAT）

M-CHAT（Robins, Fein, Barton, & Green, 2001）は，Baron-Cohen, Allen, & Gillberg（1992）が開発した乳幼児期自閉症チェックリスト（CHAT）の修正版です。原版は 9 項目ですが，M-CHAT では 23 項目の保護者向けの質問紙に修正されました。一般集団でのスクリーニングの妥当性は十分に検討されていませんが，初期の研究では，この点について信頼できる結果が得られています。M-CHAT は，英語版とスペイン語版が利用できます。日本語訳されたものもあります。

広汎性発達障害スクリーニングテスト 第 2 版（PDDST-II）

Siegel（2004）は，3 つのステージに分かれた保護者へのインタビュー・ツールである PDDST-II を開発しました。同領域の専門家による評価は，現時点ではありませんが，このテストは，信頼できる感度を持っています。また，十分な特異度も著者によって記されています。PDDST-II の最初のステージは，初期診療の場面で用いられるものです。ステージ 2 は，自閉症スペクトラム障害と特異的な言語発達の遅れ，知的障害などの困難を鑑別診断するために使われます。ステージ 3 は，症状の重さの程度を判断したり，自閉症スペクトラム障害と他の広汎性発達障害を鑑別したりするためのものです。

乳幼児自閉症スクリーニングテスト（STAT）

STAT は，10 年近くの研究の成果です（Stone, Coonrod, & Ousley, 2000; Stone, Coonrod, Turner, & Pozdol, 2004; Stone & Ousley, 1997）。STAT は，臨床的な診断基準及び自閉症診断観察検査（ADOS）（Lord, Rutter, DiLavore, & Risi, 1999）との併存的妥当性と同様に，良好な信頼性を持つことが示されてきました。このテストでは，遊び，運動模倣，非言語的コミュニケーションなどの領域に関する 12 の活動を含む，20 分の遊び活動を行います。

系統的リスク信号観察用紙（SORF）

Wetherby et al.（2004）は，自閉症スペクトラム障害のための 29 の「リス

ク信号」からなる観察評価法を開発しました。観察者は，CSBS DP実施中に録画されたビデオ・サンプルを利用することができます。SORFの使用を支持するデータは現在収集中ですが，予備的なデータは強い感度と選択性を示しています。観察された場合に自閉症スペクトラム障害であることを示唆する行動には，目が合わない，名前を呼んでも反応しない，身振りを使わない，独特の韻律，注意や興味を共有しないことなどがあります。

診断ツール

自閉症診断観察検査（ADOS）

その強力な心理測定能力のために，ADOS（Lord et al., 1999）は，研究を行う際の定番の自閉症スペクトラム障害診断ツールの1つです。4つのモジュールからなるADOSは，コミュニケーション，社会的な相互性，遊び，常同行動，限られた興味，自閉症スペクトラム障害と関連した他の変わった行動などを測定します。ADOSは高度な感度と特異度を持っていますが，言語能力がより高い子どもを見逃したり，軽度の知的障害がある子どもを自閉症スペクトラム障害と診断したりすることに注意する必要があります（Lord & Corsello, 2005）。

自閉症診断面接 改訂版（ADI-R）

Rutter, LeCouteur, & Lord（2003a）は，研究目的のための自閉症スペクトラム障害診断ツールのもう1つのスタンダードである，この包括的な保護者面接ツールを開発しました。ADI-Rは3つの下位スケール（コミュニケーション，社会的相互作用，限定的な反復行動）からなっており，完全な実施には数時間かかります。そのため，感度や特異度は優れていますが，ADI-Rは多くの臨床場面で実用的であるとは言えません。

小児自閉症評定尺度（CARS）

CARS（Schopler, Reichler, & Renner, 1988）は，自閉症スペクトラム障害診断のために開発された最初の面接・観察ツールの1つです。その子どもの行動が標準的な行動から偏っている程度について，15領域のそれぞれを7段階尺度で評定します。CARSは，DSM-IV（2000）の診断基準と大変よく一致していることが見出されています（Rellini, Tortolani, Trillo, Carbone, & Montecchi, 2004）。子どもの様子を広く観察した後に，15分程度で実施

できます。

ギリアム自閉症評定尺度（GARS）
GARS（Gilliam, 1995）は，自閉症スペクトラム障害の診断と重症度を評価するために開発されたチェックリストです。56項目の尺度が，平均100，標準偏差10になるように標準化されています。指数が90以上の場合には，自閉症スペクトラム障害の可能性が高いとされます。検査マニュアルに記された感度や特異度は，最近の研究では支持されていません。South et al.（2002）は，DSM-IV（2000）で自閉症スペクトラム障害と診断された子どもたちの判定で，GARS単独では，感度が48％であったことを報告しています。伝えられるところでは，改訂版が準備中とのことです。

アスペルガー障害診断尺度（ASDS）
ASDS（Myles, Bock, & Simpson, 2001）は，5歳から18歳の子どもに用いられる，観察可能な行動に関する50項目で構成されています。標準得点やパーセンタイル順位も算出できます。この尺度には，言語（9項目），社会性（13項目），不適応行動（11項目），認知（10項目），感覚運動（7項目）のスキルを評価する下位尺度があります。ASDSは，アスペルガー障害かどうかの判定，治療効果の測定，治療目標の決定，研究目的などに利用することができます（Myles, Bock, & Simpson, 2001）。ASDSの他者による評価は，文献では報告されていません。

ギリアムアスペルガー障害尺度（GADS）
GADSは，Gilliamによって2001年に開発された，アスペルガー障害の判定に用いられる行動評価尺度です。32項目が，社会的相互作用（10項目），限定的な行動パターン（8項目），認知様式（7項目）、実用的スキル（7項目）の4つの下位尺度に分けられています。粗点を換算することで，標準得点とパーセンタイル順位を得ることができます。この尺度は，米国46州，カナダ，イギリス，メキシコ，オーストラリア等の国の，371名のアスペルガー障害の対象者の結果に基づいて標準化されました（Gilliam, 2001）。文献を概観したところ，GADSの診断ツールとしての評価は見当たりませんでした。

心理教育的検査

自閉症・発達障害児教育診断検査 三訂版（PEP-3）
PEP-3 は，1990 年に TEACCH（自閉症スペクトラム障害及び近縁のコミュニケーション障害の子どものための治療と教育）部で，Schopler, Reicher, Bashford, Lansing, & Marcus によって開発されました。このツールは，12 歳まで使用可能で，7 つの発達領域の評価と病理尺度を含んでいます。このツールは，自閉症スペクトラム障害の子どものニーズに対応した，かなり柔軟な実施が可能です。この検査ツールは，現在三訂版です。

青年期・成人期心理教育診断評価法（AAPEP）
Mesibov, Schopler, Schaffer, & Landrus によって，1988 年に TEACCH 部で開発されたこの検査は，3 つの異なる場面でのニーズを評価するための 3 つの異なる尺度を持っています。それらは，直接観察尺度，家庭尺度，学校・作業所尺度です。

適応行動評価尺度

児童用行動評価システム（BASC）
このツールは，Reynolds & Kamphaus によって 1992 年に開発されました。それは，自閉症スペクトラム障害とアスペルガー障害に関連する情緒的・行動的問題の評価に使われます。このツールは，保護者評定尺度，教師評定尺度，児童の自己評価尺度を含んでいます。それは，活動水準，行為障害，攻撃，不安，抑うつ，引きこもり，注意，適応力，リーダーシップ・スキル，社会的スキルの評価に有用です。ある研究(Barnhill et al., 2000)は，BASC がアスペルガー障害の子どもたちの治療プランの立案に役立つことを見出しました。

ヴァインランド適応行動尺度（VABS）
1984 年に，Sparrow, Balla, & Cicchetti によって開発された VABS は，クラス担任及び保護者や主たる養育者にインタビューするために用いられてきました。評価される領域には，コミュニケーション，日常生活，社会性，運動スキルがあります。

表2-1 指導方法と,根拠に基づく,あるいは経験的な支持
(Simpson, 2005 より改変)

指導方法	根拠に基づく,あるいは経験的な支持のレベル
機軸反応訓練(PRT)	科学的根拠に基づく実践
拡大・代替コミュニケーション(AAC)	期待できる実践
絵カード交換式コミュニケーションシステム(PECS)	期待できる実践
ソーシャルストーリー	期待できる実践
ソーシャルスキルグループ	期待できる実践
視覚スケジュール	事例による支持
チェックリスト	事例による支持
ヒントカード	事例による支持
色分けされた教材	事例による支持
TEACCH	期待できる支持

表2-1は,自閉症スペクトラム障害とアスペルガー障害の子どもや成人に用いることができる,スクリーニング,診断,評価尺度をいくつかリストアップしたものです。

インフォーマルアセスメント

どのようなコミュニケーション能力のアセスメントでも重要なことは,機能的コミュニケーションの評価,すなわち Lahey(1988)がコミュニケーションを参照した評価と述べたものでなければなりません。機能的コミュニケーションの評価の目的は,子どもの現在の機能的コミュニケーションのレベルを明らかにし,今持っているスキルに基づいた指導計画を立てることです。このようなタイプのアセスメントを行うための様式が,いくつか開発されています(Falco, Janzen, Arick, Wilgus, & DeBoer, 1990; Janzen, 2003; Lahey, 1988)。ほとんどの機能的コミュニケーション評価法では,その様式は観察と面接です。これらのデータが集まると,臨床家は,どのようなコミュニケーションスキルを持っており,どのようなスキルが,ストレス,不安,欲求不満,不適切な行動などを減少させるために最も必要となるのか

を判断することができます。評価者は，子どもを観察し，その子どもがいつ，どんなやり方で，欲しいものややりたいことなどを伝えているのかを保護者に尋ねたりします。

内容・形態・使用（CFU）チャート（Lahey, 1988）は，過去18年にわたり，標準的な言語発達を追跡するために用いられてきました。自閉症スペクトラム障害や他のコミュニケーション障害のある子どもたちのための臨床プランを立てるために，この発達モデルを用いることの必要性を認識している言語聴覚士は，子どもの個々の発語のコミュニケーション機能と同様に，意味的カテゴリーや文法的な複雑さの獲得に関するデータを記録するために，このチャートを用いています。

ようやく，ポートフォリオによるアセスメントが，自閉症スペクトラム障害やアスペルガー障害の子どもたちに使われることが増えてきました。標準化された検査ツールに頼るのではなく，ある期間にわたって，子どもの実際のスキルと能力を示す代表的な産物を集めるのです。この方法は，ポートフォリオに含まれる記述を選ぶために，生徒と教師の参加を必要とします（Carlson, Hagiwara, & Quinn, 1998; Duffy, Jones, & Thomas, 1999; Hendrick-Keefe, 1995; Swicegood, 1994）。ポートフォリオには，目次あるいは要覧，何が，なぜ含まれているのかの説明，学業や日常生活スキルのデータ，行動や適応に関するデータなどが含まれるべきです。すべての科目や課題からの産物がポートフォリオに含まれることが重要です。

教育的介入の方策

1999年に，偉大な故Bernard Rimland博士は，第一線で自閉症スペクトラム障害の子どもたちと一緒に仕事をしている多くの人々が感じている懸念を表明しました。Simpsonは，応用行動分析（ABA）の概要について述べた2001年の論説で，Rimlandに同意しました（Simpson, 2001）。Simpsonは，ABAは「唯一の科学的に妥当な自閉症スペクトラム障害の指導法」であるという意見は，「誤りである

だけでなく，不条理である」と述べました。彼は，「あるプログラムの独占的な使用は，ある生徒，家族，専門家には適切かもしれないが，それは，あらゆる条件下で，明らかに好ましい指導方法とは言えないであろう」（p.70）と続けています。この主張は，指導方法の間にライバル関係があるような見方をやめることを求めたり，診断よりもむしろ個々の子どもを支援する必要性を認識することを求めたりする人々に支持されています（Brown & Bambara, 1999; Feinberg & Vacca, 2000）。Janzen（2003）は，統合的なアプローチを主張して，次のように述べています。

> どのような理由でも，子どもが環境から1人で学ぶことができないとき，教師や保護者はその間に入って，より積極的な役割を果たさなければなりません。環境（手がかり）を整え，援助（手がかり）を与え，重要なスキルが学習されるように結果を調整します。(p.149)

　指導プログラムがうまくいくために重要なことは，データの収集です。最も才能ある臨床家でも，用いた指導方法の効果を判断するために記憶に頼ることはできません。さらに，自閉症スペクトラム障害の人たちを支援する専門家に，根拠に基づく実践を強調するためには，私たちが行っていることが本当に役立っており，効果的であるということを知っておくことが必要です。そして，もしそれが効果的でない場合には，私たちは，そのプランを変更しなければなりません。データがなければ，私たちは，最善の場合には直感，最悪の場合には推測に基づいて判断します。私たちは，自閉症スペクトラム障害の子どもたちの生活に影響を与える機会の小さな窓を持っているので，その機会を無駄にすることはできないのです。

　指導を提供する人と，指導を求める人たちは全員，ある指導を行う前に，その指導を積極的に評価する方法を知っておくことが重要です。米国教育省からの要求に応えて，自閉症スペクトラム障害教育指導委員会が設けられました。この委員会には，科学的，理論的，政策的な情報を統合するとともに，自閉症スペクトラム障害の幼児のための

教育的指導に関する科学的知見を評価するための枠組みを作ることが課せられました（American Speech-Language-Hearing Association, 2006）。この委員会は，査読誌に実践的研究を掲載している指導法及び，測定可能な指導結果について評価を行いました。支持する根拠のない指導法や，「ファシリテーテッド・コミュニケーションや聴覚統合訓練を含む，強い異議を示す根拠がある指導法は評価されていません」（p.16）。

　この委員会は，指導方法の評価に関する3つの結論を述べています。第1に，コミュニケーションスキルを扱う様々な指導法に，経験的な支持が認められると言っています。第2に，どの指導法が自閉症スペクトラム障害の人々に最も効果があるのかを予測するために利用できる研究が十分ではないとしています。さらに，委員会は，第3の結論としてすべての自閉症スペクトラム障害の人たちにとって同様に効果的な，単一の指導法はないと述べています。この問題に関する委員会の結論は，実質的には単一事例研究法を示唆する，ある指導方法を用いて，個々の発達を体系的に測定することを勧めるというものです。委員会の最終的な結論は，指導方法の評価のためには，より有効な評価尺度が必要であるということでした。今まで，指導結果のほとんどは，IQと指導終了後の進路の組み合わせで測定されてきました。委員会は，これらの尺度は，自然な学習環境での変化を測定しないので妥当ではないと判断しました。また委員会は，自発的なコミュニケーションの開始によって獲得したものや，指導場面以外の環境へのそれらの般化を含む尺度の利用を推奨しました（National Research Council, 2001）。適切であると判断される場合，効果的な指導プログラムは，早期の実施，集中的な指導，家族の包含，継続的なアセスメントとプログラム評価，様々な場面での機能的・自発的なコミュニケーションや社会性の指導，仲間遊びのスキル，自然な文脈でのスキル獲得と維持，機能的アセスメントと積極的行動支援，実用的な学力などを含んでいます（National Research Council, 2001）。

　Beckman（2002）は，指導計画立案のための，方略に基づくアプローチの概説の中で，課題を達成するためのプランまたは道具として方略を記述しています。方略に基づくアプローチには，認知的方略，

手がかり方略，学習方略，メタ認知的方略の4つの方略があります。認知的方略は，学習課題や社会的スキルに取り組む際に用いられ，まとめる，視覚化する，下線を引く，細かく調べる，自問する，自己チェックすることなどを含みます。手がかり方略は，学習に参加したり，すでに学んだことを用いたりする人に，それらを思い出させるものとして働く，視覚的または言語的手がかりのことを指します。学習方略は，物語を書いたり試験を受けたりといった，特定の課題を達成するために必要なステップを含んでいます。メタ認知的方略（どのように考えるのかを第三者的に客観視しながら考えること）は，自閉症スペクトラム障害の子どもが，いかに上手に自分自身が学ぶことについて理解するかということを指しています。このことは，それが記憶されるまで，自分の学習方略を練習し，手がかりが与えられると，その学習方略を実行し，その学習方略がうまく実行されたかどうかをアセスメントすることを意味しています。これは，自己制御の中核をなす，自己アセスメントの一部でもあります。

コミュニケーションのニーズに対応する

　筆者が長年にわたる経験から学んだ最も重要なことは，「行動はメッセージである」ということです。これは，問題行動が逸脱した罰せられるべきものではなく，一種のメッセージであるということです。行動は脈絡なく起きるのではなく，何かがそれを引き起こしているのです。何かがそのきっかけになっています。このきっかけについては，将来それを避けることができたり，別の反応の仕方を考えることができたりするように特定しておく必要があります。保護者は，子どもの問題行動が起きたとき，それを観察し，記憶にとどめておく専門家です。保護者は様々な状況で，子どもと最も長い時間をともに過ごします。保護者は，他の大人の誰よりも多く，子どもの生活の中から問題行動のきっかけを見つける機会を持っています。学校に行っている時間帯以外は，通常子どもは，保護者と一緒にいます。

　問題行動が起きると，保護者はそのきっかけを明らかにするための

観察を始めることが大切です。このときの焦点は，行動の結果にではなく，行動の引き金に合わせなければなりません。運がよければ，行動のきっかけが何かが分かり，将来それを避けることができるでしょう。もしそのきっかけが避けられないならば（例えば，昼寝），子どもに代わりの行動を教えることで，子どもがうまく対処するための支援をすることができます。私たちは，子どもがどのくらいの時間昼寝するのか，その後どんなお気に入りの活動があるのかが分かるように，昼寝のためのスケジュールを設定することができます。子どもが要求して泣き叫んだら，その問題行動を言葉，身振り，絵などに置き換えることができるのです。

　コミュニケーションスキルが向上すると，問題行動は明らかに減ると多くの文献が述べています（Charlop-Christy, Carpenter, Le Blanc, & Kellet, 2002; Janzen, 2003; Koegel & Koegel, 2006; Magiati & Howlin, 2003; Sherer & Schreibman, 2005）。ですから，診断を受けたらすぐにすべきことは，機能的コミュニケーションのシステムを発展させることです。これは，ある自閉症スペクトラム障害の子どもたちにとっては，絵によるシステムであり，その他の子どもたちにとっては，コミュニケーションの目的を持った話し言葉なのです。手段はどうであれ，とにかくコミュニケーションができる子どもは，自分の要求を満たすために問題行動に頼ることが比較的少なくて済むのです（Klinger & Dawson, 1992）。

PECS

　絵カード交換式コミュニケーションシステム（PECS）では，機能的コミュニケーションスキルの発達を広げ，促すために絵を使用します（図2-1）。子どもがクッキーを食べたいとおねだりし，それを絵と交換することで受け取ることができるとき，叫び声を上げる必要はほとんどありません（Charlop-Christy, Carpenter, Le Blanc, & Kellet, 2002; Magiati & Howlin, 2003）。PECSは最もよく知られた，絵を使ったシステム化されたコミュニケーションアプローチです。継続的な試行トレーニングを通して，子どもは絵と本人が求める物や出

図2-1　PECSの例

来事と関連付けることを学習します。PECSのトレーニングの過程は，明確にアウトライン化され，PECSの開発者たちによって製作された教材に特化されています。つまり，子どもには本人が欲しいと思う物とペアで絵が提示されます。もし可能なら，手に手をとりながら，子どもが欲しい物を得るために，コミュニケーションをする相手に対して絵を渡すように支援します。その後，できるだけすぐに，サインやヒントの数を減らすようにします。そうすることで，その子どもは自分で絵を渡して物を受け取ることができるようになります。一旦基本的なスキルが獲得されると，さらなる数の絵が追加されます。さらに上達すると，「私は＿＿＿が見えます」のような言い廻しを含む文を加えることが可能になります。PECSの限界は，トレーニングに完全に参加するためには2人の大人が必要になることです。2人の大人が同時に手が空いている状況が見つけることはなかなか難しいです。もう1つの限界は，絵を弁別するまでの過程は，1つの絵だけでもかなりのトレーニングが必要になるという事実です。筆者の経験では，絵が実際にはある特定の物に対する象徴であることに気づかず，欲しい物

を受け取るには，何でもよいからとにかく絵を渡しさえすればよいということだけを学習する子どもがいるかもしれません。PECSの開発者は，トレーニングのセッションにおいて，手段を変更するのは当然可能だが，もし変更したら，それをPECSとは呼んではいけないと述べています。筆者は，初めの段階から，欲しい物の絵カードとペアで，何も書かれていない空欄のカードを使用することを勧めています。こうすることで，その子どもが最初の段階から，絵には物事を表す意味があることを知っているかどうかを確認できます。もしその子どもが空欄のカードを渡すようなことがあれば，指導者は，象徴的関連付け（絵を実物の関連付け）がまだできていないと判断する必要があります。

機軸反応訓練（PRT）

　機軸反応訓練（Pivotal Response Training: PRT）は，支援サービス実施モデルの1つで，発達アプローチと応用行動分析を合体させた方法です。PRTは子どもにとって自然な環境の中で言語を学習する機会を提供します。このアプローチは，臨床中心というよりも子ども中心です。つまり，何をどのような方法で学ぶかについて，子どもに選択の余地が与えられています。PRTモデルは，保護者を主要な介入役であると強調していますが，きょうだいや教師，友達，その子どもと関わるその他の人々も含まれます（Minjarez, Williams, Mercier, & Hardan, 2011）。

　PRTの指導・支援プロセスにおいて焦点化されるべき重要な領域は，意欲（モチベーション），共同注意，複数のサインやヒントに対する応答性，自己統制（セルフマネジメント），自己通過儀礼（セルフイニシエーション）と感情移入（エンパシー）です。意欲（モチベーション）とは子どもが興味を示す物や出来事を見つけることで，その物を獲得するために探す，あるいは音声によるコミュニケーションを使用して，その出来事を開始するだけの強い興味があることを意味します。例えば，子どもが鉄道に興味があり，電車のおもちゃを欲しが

る場合，他の物よりも強い意欲を示すかもしれません。共同注意はほとんどすべてのスキルの発達に必要不可欠です。共同注意には，子どもがコミュニケーションを図る相手と同じ物や出来事に注意を向けることが求められます。再度書きますが，電車のおもちゃを使うことで，子どもは他のあまり興味のない物を提示された場合よりも，より強く注意を向ける可能性が高いでしょう（Mundy, 1995）。ほぼすべての状況において成功を収めるために，複数のサインやヒントに応答できるよう準備が必要です。自閉症スペクトラム障害の子どもたちが選択性を上廻る刺激への潜在能力，あるいはその刺激の関連性のない内容に応答する傾向があることがこれまでの研究で明らかになっています（Koegel & Koegel, 2006; Lovaas, Schreibman, Koegel, & Rehm, 1971）。指導支援が自然な環境状況で提供され，そこに複数の実践者が含まれるとき，指導支援時間や回数はとても多くなります（Koegel & Koegel, 2006）。さらに，PRTは効果的な自閉症スペクトラム障害臨床として顕著な根拠によって支持されていることが明らかになっています。古典的でドリル的なアプローチと比較すると，PRTは正確な応答率がより高く，より自然な発話であり，そして臨床場面外における言語面の般化が結果として示されたのに対し，ドリル学習はキューやサインに依存し，機械的記憶による応答，般化の欠如，そして問題行動の増加が結果として示されました（Koegel & Koegel, 2006）。Janzen（2003）が述べているように，言葉による「うまく話せているね（good talking）」のような強化の使用は，子どもたちの行動の結果をパワフルに強化することのじゃまになっています。言い換えれば，あなたが何を尋ねているかを理解することが，子どもが音声言語を使用することの最もパワフルな強化なのです。さらに，音声言語が使えるようになると，問題行動はほとんど観察されません。

　PRTは，自閉症スペクトラム障害の子どもたちにとって自然な設定場面である教室で実施することに価値があります。日々のプログラムの中で，有効な指導方略とそれに付加される強化を使うことで，自閉症スペクトラム障害の子どもは，本人がそれを使用する必要のある環境の中で機能的スキルを練習することができます。PRTはまた，宿題を完成させる支援も提供します。子どもに宿題をやる場所や順番

の選択肢を与えることで,その子どもの協力を引き出せるかもしれません。好きなアニメのキャラクターの名前の綴り方を練習するといった自然な強化を使うことで,より強い意欲と参加を促す結果となるかもしれません。もし,そのPRTを導入する人に対して適切にトレーニングがなされていなければ,PRTの効果は限られるかもしれません。PRTの不安定な実施は,否定的な結果を生み出す可能性さえあります。Simpson(2005)によると,PRTは根拠に基づく実践と言えます。

拡大・代替コミュニケーション(AAC)

　支援機器や絵カード等を使用する拡大・代替コミュニケーション(Augmentative and Alternative Communication: AAC)とそれらを使用しないAACは,いずれも自閉症スペクトラム障害の子どもたちに対して成功裏に使われています。前者のAACのアプローチは,絵(カード),文字によるサインやヒント,そして音声表出機器が含まれます。後者のAACのアプローチには,ジェスチャーや手話が含まれます。AACの効果について調べたメタ分析研究によると,AACは行動の変化や学習の般化に関して,ほとんどの指導支援において効果的であることが分かっています(Schlosser & Lee, 2000)。しかし,どのシステムが自閉症スペクトラム障害の人に効果的なのかを予測することができる研究は今のところありません。事実,個人にある1つのシステムよりも,もう1つのシステムを導入することを支持するデータは存在しません。これに関しては,1つの方法が全員に適合するようなシステムはありません(National Research Council, 2001)。

　様々なタイプのAACのアプローチが自閉症スペクトラム障害の人たちに導入され,行動面や理解言語,表出言語の改善に効果があることが分かっています(Brady, 2000; Frea, Arnold, & Vittimberga, 2001; Mirenda, 2003; Schlosser, 2003)。しばしば保護者は,AACを使用することによって,音声言語の発達を阻害するのではないかという懸念を示します。しかし,そのような懸念を支持する根拠はありま

せん（Mirenda, 2001, 2003; National Research Council, 2001）。これまでAACは，行動面に対してよい効果を示しており，音声言語のない自閉症スペクトラム障害の子どもに対するどの包括的指導プログラムにおいても，ニーズに合わせるためにはAACは欠かせないものとなっています。支援機器や絵カード等を使用するAACも，それらを使用しないAACも，いずれも効果的であることが示されています（Wendt, Schlosser, & Lloyd, 2004）。AACは，視覚表象に依存するため，自閉症スペクトラム障害の人の学習する力をフルに生かすことができるとWendtらは述べています。AACはまた，音声言語は発話の発達を阻害するのではなく，むしろ促進することが示されてきており，AACアプローチは自閉症スペクトラム障害の子どもに対するどの介入プログラムにも必須となっています（Schlosser, 2003）。

　音声言語の発達に着目した介入とAACを使った介入とをペアリングさせることで，自閉症スペクトラム障害の多くの人たちの音声による表出の改善が期待されます。AACが提供する視覚支援は，言語理解を改善させ,理解言語の発達を促すことが示されています（National Research Council, 2001）。図2-2は，AACを使用する子どもの様子を写真で示しています。

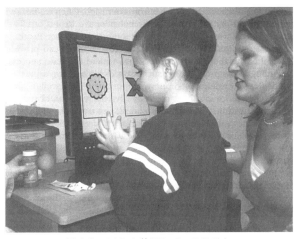

図2-2　AACを使用している子ども

ソーシャルストーリー

　ソーシャルストーリーは，学習者に適切な行動とソーシャルスキルの情報を提供する脚本としての機能を果たします。Barry & Burlew（2004）によると，ソーシャルストーリーは，繰り返し，プライミング，練習，そしてフィードバックを含む経験的に支持された要素を利用しています。ソーシャルストーリーは，不適切な行動を減らす（Adams, Gouvousis, VanLue, & Waldron, 2004; Kuoch & Mirenda, 2003; Kuttler, Miles, & Carson, 1999）一方で，肯定的なソーシャルスキルを増加させる（Adams, Gouvousis, VanLue, & Waldron, 2004; Barry & Burlew, 2004; Ivey, Heflin, & Alberto, 2004）ための支援となっていることが明らかにされています。

　ソーシャルストーリーは，関連する社会的手がかりや適切な応答を含む社会生活場面の描写です。ソーシャルストーリーは，情報を視覚的に表現し，関連する社会的手がかりを割り出し，正確な情報や，求められる行動を示し，社会的干渉を減少させることができる点が効果的です。児童生徒のニーズはストーリーで描かれた話題によって提供されます。児童生徒が焦点化すべき課題は，そのストーリーに投影されます。ソーシャルストーリーは，私たちが単に不品行であると見ている行動が，実は混乱の結果起こっている可能性があることなどが分かるという点で効果的です。自閉症スペクトラム障害の子どもは多くの場合，私たちがどのような行動を期待しているかを知っているだろうと期待しますが，この期待は大抵の場合，間違っています。ある状況が起こる直前にストーリーを読むことによって，大人はその子どもにその状況に対する脚本を与え，成功を誘発します。Simpson（2005）によると，ソーシャルストーリーは，期待できるレベルの有効性についての根拠を示しているとのことです。

　ソーシャルストーリーは，問題となる状況を観察できる人なら誰でも書くことができます。これには保護者，親戚，教師，その他学校に勤務する専門職（スクールカウンセラーなど）が含まれます。場合によっては，自閉症スペクトラム障害の子どもたちが，自身のストーリー

を書くことも可能です。ソーシャルストーリーを書くには，当該の児童生徒にとって困難な行動あるいは状況を標的にしなければなりません。状況を観察するための時間を設け，その状況を児童生徒の目線から表現する練習をしましょう。ストーリーの書き手は，その子どもの意欲や恐れ，その状況に対する現段階における反応，そして周囲の子どもたちの観察も考慮に入れなければなりません。多くの場合，複数の人が観察し，その状況を考える方が，微妙なニュアンスを見落とさずに済むもしれません。

ソーシャルストーリーは，記述的な文章：「先生は，昼食の時間だと言う。子どもたちは教室出入口のところに並ぶ」，指示的な文章：「私は自分の席に座っている。先生が『昼食の時間だから並びなさい』と言う。そこで私は弁当を持って列に並ぶ」，大局的な文章：「今日は子どもたち全員が昼食の時間にきちんと並んだので先生が喜んでいる。先生は，私が弁当を持って並んでいるところを気に入ってくれている」，対照的な文章：「先生が指示したので，私は自分の弁当を持って列に並んだ。先生が並ぶように言ったとき，それはすなわち昼食の時間だ」で構成されています。

ソーシャルストーリーを作るとき，いくつかのルールがあることを念頭に置いておくことが重要です。1～3つの文を1ページに載せたとしても，たった1つの概念しか1つのページには紹介できません。絵や写真の使用は有効かもしれませんが，子どもによっては具体的過ぎる応答をし，その絵や写真で示された背景のストーリーへと広げ，般化することに失敗します。例えば，ある母親が靴ひもを結ぶことを紹介した素晴らしいストーリーを作りました。そのストーリーには，その子どもが普段からよく履く，見慣れた靴の写真が貼りつけてありました。このストーリーは般化に失敗しました。なぜならその子どもは，ストーリーの中に貼り付けた写真のものと同じ靴のときだけ靴ひもを結ぶようになったからです。また，ストーリーの作者は，「昼食のとき，走って列に並ばないようにする」のような否定文の使用をなるべく避けた方がよいでしょう。その代わり「昼食のとき，歩いて列に並ぶようにする」のような書き方をします。

ソーシャルストーリーで取り上げる話題は，注目すべき困難な社会

生活場面や特に気をつける必要のある特定のソーシャルスキルによって決定されます。社交的行事を取り上げた教材を使用し，子どもにこれらの行事を提示し，行事に関して子どもが示す可能性のある誤解を録画しておきます。例えば，ある男の子が友達にジョークを言って，オチで笑っている状況が描かれたコマ漫画を提示することも可能です。自閉症スペクトラム障害あるいはアスペルガー障害のある子どもには，なぜ彼らが笑っているのかが理解できていないかもしれませんし，あるいはジョークに対してではなく，ジョークを言った男の子のことを聞き手の男の子が笑っていると勘違いしているかもしれません。このタイプのインフォーマルアセスメントが，ソーシャルストーリーのための有用なたくさんの話題を作ることになるかもしれません。

　ストーリーが提示されたら，コピーをし，ノートに貼っておきましょう。家庭で有用性のあるストーリーは学校でいつでも読むことができますし，学校での問題を取り上げたストーリーについては，学校だけでなく，家庭でも読むことが可能ですし，そうする必要があります。しかし，特定の行事に関するストーリーは，その行事の直前に読むことが必須です。つまり，校庭でのストーリーであれば，子どもたちが授業や行事等で校庭に行く直前に読まれなくてはなりません。

ソーシャルスキルグループ

　特にアスペルガー障害の子どもたちに対するグループ指導は，多くの専門家によってその重要性が述べられてきました（Adams, 2005; Attwood, 1998; Marriage, Gordon, & Brand, 1995; Orzonoff & Miller, 1995）。グループ指導は，日常生活の自然な状況における練習の機会を与えます。グループメンバーは，会話のターン交替や傾聴，話題の維持スキルを練習するために昼食の時間に会うことが多くあります。Adams（2005）は，会話，グループでの問題解決，そしてグループでのゲーム遊びを含むグループセッションの特定の形態を提案しました。これら3つの活動を行うことが，アスペルガー障害や高機能自閉症の子どもの社会性向上に最大の効果を及ぼしたと述べられてい

ます。Adamsはこのようなグループ指導は，特にアスペルガー障害や高機能自閉症の子どもにとってトラブルになりやすいので，グループによる問題解決活動を毎回必ず活動の一部に導入するよう強く勧めています。そうすることで，こうした子どもたちが自分たち自身で，あるいは仲間とともに問題を解決しようとする傾向が出てきます。グループによる問題解決活動を，教室の中で，教示／学習活動でしばしば導入することで，アスペルガー障害や高機能自閉症の子どもたちのソーシャルスキル向上に役立ったと実践した教師は報告しています。

　どんな活動でも，ほとんどがグループによる問題解決活動に適応可能です。例えば，アスペルガー障害や高機能自閉症のある多くの子どもたちは，ブロックやマグネットの組立てキットのようなおもちゃを喜んで組み立てます。見本を組み立て，その見本の写真を撮りましょう。そして，それからその見本を崩しましょう。少しずつのピースをグループ内のそれぞれの子どもに与えましょう。そうすることで，誰もその組み立て作業を1人では完成できなくなります。見本の写真を提示し，その形をどうやって複製するかをグループで導き出すように教示します。その見本通りに組み立てられるように，それぞれが指示やヒントを出し合えるように教師も指示やヒントを出しましょう。チームワークを推奨し，協力できた場合にはそのことをほめましょう。

　優雅で上品に負ける，つまり潔い負け方を学ぶことは，アスペルガー障害や高機能自閉症の子どもたちには欠かせません。ゲーム遊びをすることは子どもの頃には誰もがやることですが，アスペルガー障害や高機能自閉症の子どもたちは排除されることが少なくありません。排除される1つの理由は，彼らの失敗に対する受け止めの低さと負けたときの否定的な反応の強さです。単純なルールのカードやボードゲームで遊び，勝つことではなく一緒に遊ぶこと自体がゲーム遊びの醍醐味であることを認識させることで，多くの子どもたちは落ち着いて負けることを学ぶことができますし，少なくともメルトダウンなしで負けることができるようになります。ランディは，7歳のときに筆者が所属するセンターのソーシャルスキルプログラムに加わり，その直後にアスペルガー障害の診断を受けました。彼は，勝てない可能性のあるゲームでは最初のヒントを与える段階で，物を投げたり，机の下に

もぐり込んだりして，そのゲームに参加できませんでした。筆者は，彼とゲームをするときは，「勝つこともあれば，負けることもある（ゲームで遊ぶことは楽しい）」というモットーをかかげました。どのゲームをするときも，筆者はこのモットーを頻繁にくり返し言いました。もし彼がメルトダウンしたときは，筆者がそのゲームを続け，ゲームのやり方のよいマナーのモデルを示しました。約2か月後，彼はこのモットーをくり返すことができるようになり，歯をくいしばり，強く握りこぶしを作りながらもゲームを続けることができるようになりました。今では，彼は問題なく負けを認めることができるようになっています。夏休みの臨床セッションのスケジュールを組むときに，臨床家が誤ったスケジュールを伝えてしまったときも，彼はその臨床家に「だいじょうぶだよ。誰だってミスはするんだから」と言いました。

　グループ指導におけるもう1つの重要な活動は，「万が一」シナリオです。アスペルガー障害や高機能自閉症の子どもが現実生活の状況に直面することを学び，彼らの世界で経験するかもしれない「万が一」の問題を解決する練習をすることは必須です。例えば，アスペルガー障害の子どもたちはしばしば友達に対して無茶をする，やけになることがあり，その結果，他の人に簡単に主導権を握られてしまいます。あるとき，アスペルガー障害の9歳のネッドは，新しい友達ができたのでとても喜んで学校から家に帰ってきました。母親も彼のために喜び，その友達と一緒に何をしたのかを尋ねました。ネッドは一日中その友達の本をすべて持ってあげていたと言いました。ネッドの母親はとても心を痛め，グループディスカッションの場で，友達とは何か，そして友達とはお互いにどう接するべきなのかについて話し合ってほしいと依頼してきました。筆者は，たくさんの「万が一」シナリオを作り，友達とはお互いにどう接するべきか，そして何をしてはいけないのかについて話し合いました。ロールプレイがアスペルガー障害の子どもたちの中には役立つことがありますが，ロールプレイは疑似であり，現実世界の状況に適応するための練習としての価値を見出せないこともあるので，常に効果的なストラテジーとは限りません。グループ指導の活動についてのより詳しい情報やアイデアは，Adams（2005）をご覧ください。

選択肢を与える

　自閉症スペクトラム障害の子どもたちに選択肢を与えることにより，問題行動を減らすことができることが研究の成果として示されています（Dunlap et al., 1994; Foster-Johnson, Ferro, & Dunlap, 1994）。子どもにどの服を着たいかを尋ねるよりも，彼女が好きな2種類の服から1つを選ぶよう，彼女に尋ねましょう。人の生活のいくつかの面をコントロールする能力は，問題行動を減らすことができますし，一方で自立する力が増します。Dunlap et al.（1994）は，2つのタスクのうち1つを選択することと，タスクに何の選択肢も与えなかった場合の関係について研究しました。彼らは，選択ができる状況の方が，選択できない状況よりも，タスクに入ることに関して，より優れていることを発見しました。さらに，選択ができる状況の場合，妨害行動が減ったことも分かりました。似たようなことですが，Foster-Johnson et al.（1994）は，望ましい教科学習活動の参加によって問題行動が減り，望ましい行動が増加したことを見つけました。

　1996年〜2000年に発表された文献のメタ分析は，行動への介入に関連して以下の傾向を示しています。(a) 最も多く，ステレオタイプの行動が研究されている，(b) 広範囲に及ぶ介入について研究されている，(c) 行動への介入は効果的である，(d) 自閉症スペクトラム障害の診断があることによる，介入の成功可能性への影響はなかった，(e) 機能的アセスメントは介入の成功を高める，(f) 介入を本人にとって親密な大人が行うことで，その介入の効果がさらに増加した，(g) 環境を変えることで，介入の効果が高まる（Horner, Carr, Strain, Todd, & Reed, 2002）。これらの発見は，我々は行動に注意を払う必要があり，その行動にどのような意味があるかを教えてくれます。また，これらの傾向は，行動への介入が成功するには保護者の存在が不可欠であり，様々な状況で行動を変化させる練習をすることは，行動への介入の利益を増加させます。

視覚支援ストラテジー

　自閉症スペクトラム障害の子どもたちが使用できる視覚支援ストラテジーには，様々な種類のものがあります。一般的に，自閉症スペクトラム障害やアスペルガー障害の子どもたちにこれらのテクニックを使用することの効果には根拠があります（Janzen, 2003）。以下の4つは視覚支援としてよく使用されるストラテジーですが，すべてが有効性の評価を受けたわけではありません。

- 視覚スケジュール
- チェックリスト
- ヒントカード
- 色分けされた教材

視覚スケジュール

　私たちほとんど全員が，形式はどうであれ，視覚スケジュールを使用しますが，こうしたものを幼い子どもたちに使用しようとは考えません。まだ文字を読むことができない幼い子どもたちに対して，1日の出来事の詳細を知らせるために，絵や写真を基盤としたスケジュールを使用することが可能です。さらに，小さな絵や写真を貼り付けたスケジュール（ミニスケジュール）は，子どもたちが自分たちで課題を完成させることをサポートするために作成することができます。例えば，ミニスケジュールは，日々の身だしなみをきちんとするための詳細のステップを自分で確認するために，洗面台に貼り付けておくことも可能です（顔を洗いましょう，歯を磨きましょう,髪をときましょう）。ある子どもたちに対しては，歯を磨くためのステップを示すために，ミニスケジュールや組み込みスケジュールを作成することも可能です。視覚スケジュールは，常にトップダウン形式で配置されます。そうすることで，左から右へと配置されるコミュニケーションシステムとは別物であると認識させることが可能になります。図2-3は，簡

図2-3 簡単な視覚スケジュールの例

単な視覚スケジュールの例を示しています。

　一般的に，できるだけ早期に，子どもに日々の生活の中に視覚スケジュールを導入すれば，より効果が高いと言われています。視覚スケジュールは，1つの活動から次へと移行する場合の問題を解消するための役割を果たしたり，次に何があるのかについての不安や怖れを軽減させたりする可能性があります。結果的に，視覚スケジュールは，子どもが大人の指導をほとんどあるいは全く必要とせずに一日中どう動けばよいかを学ぶため，自立を促す可能性があります。スケジュールは子どもとともに「成長」する可能性がありますし，そうでなくてはなりません。幼い子どもに対しては，実物や絵・写真の形式によるスケジュールを使用する可能性がありますが，常にその実物や絵，写真を表す文字とペアで提示しましょう。子どもがスキルを身につける

につれて，スケジュールは文字だけの形式へと変えていきます。これは，机や作業スペースにラミネートを施したスケジュールあるいは1日の計画表のようなものを貼ることも可能です。年長の子どもたちの中には，携帯情報端末（Personal Digital Assistants: PDA）などの電子機器を使用するスキルを示す者もいるでしょう（Ferguson, Myles, & Hagiwara, 2005）。テクノロジーが発展するにつれて，携帯電話やスマートフォンは，電話やアドレス帳とともにスケジュール機能も含まれるようになっています。これにより，個人的な人間関係作りと自己管理を成功させることが可能になります。

チェックリスト

　確かに我々は，やらなければならないことのリストを作ってきました。おそらく我々のリストには，1週間中に達成したい雑用や仕事が挙げられています。自閉症スペクトラム障害やアスペルガー障害の子どもにとって，そのリストは子どもが次の1時間で達成する必要があることを示すためにあるかもしれません。もし子どもが自習時間であるならば，そのチェックリストには子どもが直面している課題のリストが含まれているかもしれません。子どもはやるべき項目を完了するたびに，そのリストをチェックするかもしれません。後に，そのリストは，すべての宿題が完了したことを保証するために，次の登校日の前日に再度家でチェックされるかもしれません。

　柔軟性を最大限にするために，ホワイトボードはどんな形や大きさでも利用可能です。多くのボードは，磁石を使って家庭用品や学校のロッカーの内側にくっつけることができます。項目はチェックまたは線を引いて消すことができ，ボードは容易に消すことができ，必要なときに新しいリストを作ることができます。このようなボード用のマーカーもまた，内容を分類するために色分けができます。学校関連のタスクは赤色で書くようにするかもしれませんし，一方で遊びやスポーツに関連するタスクは青色で書くことができるでしょう。これはリストを大人が見ることを容易にし，子どもがカテゴリー化された類似するタスクや行事を学ぶ手助けとなります。

日常生活への参加を促すために，チェックリストを使って，子どもに買い物やその他のおつかいに行かせます。例えば，子どもが買い物に行く担当になっている食料品店のリストの一部を与えることができます。その子どもは，商品を購入したときにその買った項目に線を引いて消すように習慣づけることで，その子どもが買い物で成功するには，そのリストが不可欠になります。これは，子どもの問題行動の原因になるかもしれない混乱を減らし，子どもの注意をやるべきことへ集中させることにもなります。家族に急ぎの用事がたくさんあるとき，子どもを没頭させ忙しくさせることが大切です。子どもが行くすべてのお店のカードを与えることで，その子どもがやるべき用事に集中し続け，そしていつ用事が終わるのかが分かるための手助けとなるのです。

ヒントカード

　自閉症スペクトラム障害またはアスペルガー障害の子どもが言葉によるメッセージを伝達しなければならない場面に直面するとき，その状況のストレスは，メッセージを伝えるための子どもの能力に影響を与えるかもしれません。ヒントカードは，子どもがそれを参照することによってメッセージを伝えることを可能にします。子どもはカードを，言葉のメッセージを伝達する手助けとなるヒントとして使うことができます。また，もしそれがあまりにも困難であると分かった場合は，子どもはただコミュニケーションを図る相手にそのカードを渡すことも可能です（Janzen, 2003）。ヒントカードは，様々な状況や場面に対応するために印刷され，話題ごとに色分けされ，ラミネートされ，穴を開け，Cリングにとめることができます。リングは容易にカードを加えたり，はずしたりできます。それは，子どものベルトの穴やカバンに取り付けることができます。ヒントカードが会話に参加する方法であるように社会的状況を取り上げるオプションの短いリストも含めて広げることができます。ヒントカードを使うことのポイントは，過度の情報あるいは言語によって使用者を圧倒させないことです。明確でそして簡潔にしましょう。図2-4は持ち運びできるCリングを使った暗記カードを利用したヒントカードです。

図2-4 暗記カードを利用した活用しやすいヒントカード

　初めての人と出会うときにも、ヒントカードの使用は適しています。ヒントカードには挨拶や自己紹介に必要な言葉が含まれており、会話が終わった後、その会話がうまくいったかどうかを本人に知らせることで、会話の成功／失敗を自身で理解できるようになるための手助けとなります。

色分けされた教材

　実行する機能の問題に対処するために、色分けされた教材が役立つと分かるでしょう。家族や教師は、自閉症スペクトラム障害の子どもの発達や、自己制御スキルの維持を手助けするために色を使ったシステムを使うことを勧められます。色のついたプラスティックファイルや、開閉式の色のついたプラスティックスリーブを使うことで、子どもの学校での学習が教科ごとに整理されます。テキスト、ワークブックとともに、プラスティックスリーブに入った課題のプリント、ワークシート、宿題、ノート、鉛筆／ペンのためのファイルフォルダーを入れることは、子どもがそれぞれの授業や教科のために探すことを容易にする学習用具の一式を作ります。

　これは、特に自閉症スペクトラム障害の子どもたちが後に、在籍す

る学級が変わり，遅れずについていくためにより多くの資料を持たなければならない小学校，中学校，高校に入学するときに役立ちます。子どもの机の上かロッカーの中に凡例を置くことによって，子どもは次の授業で必要な学習用具の一式と照らし合わせることができます。その日の終わりには，子どもは宿題に必要な，またはその他の授業の宿題を，持って帰るカバンやランドセルに入れることができます。

　家では，月ごとのカレンダーを色分けすることで，自閉症スペクトラム障害の子どもがどの日が学校で，どの日が休みか知ることができるでしょう。色分けされた吸盤を使って，親子は学校の日はある色を，週末や休みの日は別の色に分けて塗ることができます。これは，教師だけが勤務する研修日が子どものリズムを乱れさせているときに役に立ちます。大抵の学校がこのような研修を計画し，前もって教師だけが勤務する日と休みの日を発表しています。その他の色でスポーツ，病院，その他日常的または週ごとの行事を加えることができます。色分けは，自閉症スペクトラム障害やアスペルガー障害の子どもたちが，色を認識し，日々の行事のために自分自身で準備することを学び，自己制御スキルを身につけることができます。例えば，色分けされたファイルフォルダは，子どもの予習成果を整理するために使用することができます。

行動はメッセージである

　行動介入プログラムが成功するための鍵は，行動の機能を分析することです。機能的行動アセスメントは，行動そのものと環境，そして学習者間の関係を見つけ出します。一旦行動が見つけ出され，その機能や目的が見つけ出されると，問題行動に直面するための包括的な計画が，通常は増加するスキルや能力によって作成されます。機能的行動分析は，より伝統的な行動改善テクニックとは異なります。伝統的行動アプローチは，なぜ最初のところでその行動が起こったのかではなく，問題行動の結果に焦点を当てます。伝統的行動アプローチは，自閉症スペクトラム障害のない子どもたちには有効ですが，自閉症ス

ペクトラム障害の子どもたちには同様の効果が見込めません。より機能的なスキルを含む代替行動なしに問題行動に罰を与えることに焦点を当てると，問題行動は異なる形で表出するかもしれません。例えば，もし自閉症スペクトラム障害の子どもが遊びをやめるように伝えたときに噛み，その噛んだことに対して罰を与えるとき，その子どもは噛むことをやめるかもしれませんが，彼ががっかりしたり腹が立ったりしたときに，その感情を表す機能的な方法をまだ持っていません。Janzen（2003）に，評価や行動プラン作成プロセスについての素晴らしい考察が書かれていますので是非読んでみてください。たくさんのワークシートやフォームが，成功する評価を導くために提供されています。

　保護者は，ほめることや罰を与えることへの効果に気づくかもしれません。行動プランが作成されると，保護者は受容や協調的行動を強化する活動や教材のコントロール下になりがちです。活動や教材が価値付けられ続けるためには，子どもはそれらへの自由なアクセス権を持つべきではありません。もし，その子どもが際限なく好みのテレビゲームで遊び続けられたら，そのゲーム遊びが制限された場合，可能になり得る強力な強化子としてはもはや役に立たないでしょう。保護者は，高いモチベーションと，やりたい気持ちの高い活動へのアクセスをコントロールする意志をもたねばなりません。自閉症スペクトラム障害の子どもたちは，多くの一般的な遊び活動には限定された興味や注意しか示さないことがしばしばあります。一旦あなたが子どもが大好きなことを見つけたら，あなたはそれへのアクセスをコントロールしなければなりません。さもなければその子どもは飽きてしまうかもしれません。飽きるとは，好みの活動をたくさんすることができたため，その子どもはもはやそれを欲しない状態を意味します。そうなりますと，その活動は強化子としての価値を失います。もしあなたが好きな食べ物を常に食べ過ぎて，その食べ物を見るだけで嫌になり，その状態になると，もう一度その食べ物を食べたいと思うようになるまでに通常長い時間がかかることを経験上知っているでしょう。これが飽きるということです。

　一般的に，ほとんどの行動介入プログラムの焦点は，異常な行動に

当てられます。保護者が自閉症スペクトラム障害のわが子のよいところを把握することもとても重要です。子どもたちが，いつ自分たちが正しいことをしているのかを学ぶことは必須です。専門職，労働者，貧しい家庭で使用される言語についてのある研究では，禁止（それをやめなさい！）という言葉の約2倍，ポジティブな確認（よくできた！）という言葉を，専門職の家庭の子どもたちが聞いていることを明らかにしています。貧しい家庭では，2：1以上の比率で，ポジティブな言動よりも禁止の言葉の方が多かったのです（Hart & Risly, 1995）。よい出来事に対するほめることと同様に，悪いことに対処することもまたとても重要なことです。起こり得ることとしては，我々が悪い行動に対処するためにとても多くの時間やエネルギーを費やす，あるいはよい行動に対してほめるということを忘れたり，意欲をもたないことです。子どもがよい選択をしたり，よい行動を示したときに，もし我々がほめなかったり強化したりしなければ，どうやってその子どもは自分が正しいことをしているかどうかを知ることができるのでしょうか。してほしくない行動に焦点を当てるのと同様に，我々が毎日見るよい行動にも焦点を当てなければなりません。

　ルールはルールです！　自閉症スペクトラム障害の子どもたちは，ルールに上手に応答する傾向がありますし，実際のところ彼らはよくルールに基づいて行動しています。行動のためのルールについては，その自閉症スペクトラム障害の子どもを育てたり支援したりするすべての大人たちの間で話し合われることが肝要です。ルールについての合意形成ができたら，毎日，もしそれが難しければ毎週どこかにそれを貼り出し，子どもも一緒に振り返る必要があります。そのルールを子どもが自ら思い出すことができるとは考えない方がよいでしょう。さらに，そのルールは家の外でも適用され，家族がそれらを紙などに書き出し，外出時に一緒に持って行きましょう。保護者は，行動をマネージメントするためのルールの力を見くびってはいけません。事前にルールを知っておくことで，問題が発生するのを予防することが可能になります。

転ばぬ先の杖

　問題行動を避けるために，3つの方法を併用することができます。1つ目の方法は，問題行動を起こすことが分かっている状況を避けることです。もしある人や場所，事物などが行動の問題を引き起こす可能性があるならば，同様のことが起きるのを避けることができます。さらに，子どもが特定の状況（ひどく疲れたり，調子が悪いなど）で問題を起こしやすいことが分かっていれば，可能な限り，子どもをその状況に置くべきではないでしょう。しかしながら，そうした困難な状況を避けてばかりいても，子どもの成長，発達や適応は進みません（Hieneman, Childs, & Sergay, 2006）。前もってプランを立てることで，保護者は問題をすべて避けることができます。時には，それは弁当箱におかずを詰めることや，前の晩に朝食の食器や服を用意したりするような簡単なことです。こうすることで，保護者も子どももストレスが和らぎます。ストレスが減ることで，問題行動も減らすことができます。急いで昼食も一緒に作ろうとしたり，シャツを選んだりして，朝慌てなくてもいいことが，その日の調子を全然違ったものにするのです。

　2つ目の方法は，問題行動のきっかけになる状況が避けられないときに用いられるものです。保護者は，子どもが好まない活動の後に，好きな活動を持ってくるのです。これは，「～が済んだら，～よ」テクニックの応用です。まず，あなたが好きじゃないことをしましょう，それから，あなたが好きなことをしましょう。子どもと保護者の間のコミュニケーションは，明快で率直なことが大事です。大人はしばしば，指示を与えるつもりで質問をします。例えば，子どもに「座ることができる？」と尋ねた場合，そのメッセージが本来意図したものではない，イエスかノーかという反応を生じさせるかもしれません。指示を出すときには，質問の形をとることを避けましょう。明快で率直であることは，コミュニケーションの行き違いを減らし，おそらくは，望ましくない行動も減らすでしょう。また，子どもの自立性や上手な意思決定のスキルを伸ばすために，選択肢を設けることも，この

方法の一部です。もし子どもが，いくつかのことをしなければならないときには，どれを最初に片付けるのかを子どもに選ばせましょう (Hieneman, Childs, & Sergay, 2006)。

最後に，3つ目の方法として保護者は，望ましい行動を支持したり促したりする手がかりを与えることで，適切な行動を増やすことができます。ある場面でどんな行動が期待されるのかを保護者が説明することで，子どもがその場面でうまく振る舞う可能性を増やすことができるでしょう。例えば，子どもを連れた母親に，済ませなければならない，いくつかの用事があるとします。その母親は，子どもに彼女が望むことを伝えることができます。スーパーに入る前に，母親はスーパーでのルールを振り返るのです。もし買い物が，子どもが我慢できないくらい長くなりそうなら，それがどのくらいかかるのかを示す手がかりを見せることで，多くの問題行動を減らすことができるでしょう（Hieneman, Childs, & Sergay, 2006）。

メルトダウンが起きた場合

ほとんどの人にとっては，メルトダウンは最も対処しにくいものですが，保護者は，メルトダウンは理由があって起きることを覚えておかなければなりません。メルトダウンによって，子どもは，特定の人たちや場所，物事などを避けることができるのです。保護者が注意していないと，メルトダウンによって，おもちゃ，楽しみなど，子どもが望むものは何でも手に入れることができてしまうのです。一度，メルトダウンが子どもに利益をもたらすと，それが繰り返されることが多いのです。Hieneman, Childs, & Sergay（2006）は，行動管理の最終的な目標は，問題行動ではなく，適切な行動によって，子どもが自分の望む結果を得ることができるようにすることであると述べています。彼らは，子どもたちはしばしば，注目を得るために行動すると述べています。保護者は，子どもと関わる誰もが，よい行動はほめ，悪い行動はできるだけ無視するように心がけてもらうよう努力しなければなりません。もし子どもが，ひどい振る舞いをするためだけに，

ひどく振る舞っているように見える場合には，指示を繰り返すことが大切です。メルトダウンに注ぎ込まれるエネルギーを発散させる運動や，他のはけ口を見つけましょう。子どもがおもちゃや他の物を欲しがって，不作法な振る舞いをするときには，保護者は，それらの物は子どもが適切に行動するときにだけ手に入れられるということを確認しなければなりません。子どもにとってのメルトダウンの価値を高めることになるので，子どもがメルトダウンを起こしても，決して欲しい物を与えるべきではありません。時として，ある課題や場面を避けるために，子どもが不作法な行動をすることがあります。課題はずっと避けることはできませんが，保護者がスケジュールを調整したり，休憩させたりすることで，子どもは，あまり好きではない課題をやり遂げることができます。しかし，課題を行うときに，メルトダウンは完全には避けられないということも重要です。メルトダウンにうまく対処して，行わなければならない課題を終わらせましょう。もし子どもが紙を破ったら，別の紙を渡しましょう。ヘレン・ケラーとアニー・サリバンの物語である『奇跡の人』で，アニーがヘレンにスプーンの使い方を教えるシーンを思い出してみてください。アニーがスプーンをヘレンに渡すと，ヘレンはスプーンを投げます。アニーは別のスプーンを渡し，ヘレンは投げます。アニーは多くのスプーンを渡し，その戦いに勝ちます。保護者にとって大事なことは，我慢し，穏やかであり続け，最後まで耐え抜いて勝利することです。

　Janzen（2003）は，問題行動を解決したり予防したりする手順を記しています。最初のステップは，問題の評価です。この評価には，問題の原因を特定することが含まれる必要があります。問題の原因を定めようとしなければならないということは，いくら強調してもし過ぎることがないほど重要なことです。問題の結果に関心を向けていても，自閉症スペクトラム障害の場合，一般に行動が収まることはありません。それはなぜなのでしょうか。それは，問題行動の原因を特定するまでは，どうすればその行動を変えることができるのかが分からないからです。原因が明らかになったら，2つ目のステップは，問題に影響している要因を取り除いたり弱めたりするために，環境を組織化したり構造化したりすることです。これは，ほとんどの保護者にとっ

て行動管理の最も難しい部分です。なぜでしょうか。それは，しばしば予期しない，いろいろなことが起きるからです！　保護者にも子どもにも原因がないのに，最大限綿密に計画されたプランでさえも破綻することがあるのです。もし問題の原因が分かれば，それを引き起こすきっかけを避けるチャンスも増えるでしょう。しかしながら，避けられないきっかけもあります。3つ目のステップは，きっかけを避けることができず，代わりの行動やスキルが必要な場合に，新しいスキルや考え，ルールなどを教えることです。最後に，子どものニーズは常に変化するので，保護者は行動への指導の経過を評価し，改良し続けなければならないことを理解しておく必要があります。これらの4つ目のステップは，排泄，偏食，睡眠などの行動への対処にも用いることができます。実際，どのような行動にも，この手順を利用することができます。自閉症スペクトラム障害の子どもが示す無数の問題行動に対処するために，多くの本が役に立つことを知れば，保護者は安心するでしょう。

　Wing（1996）は，保護者がわが子と関わる際に考慮する必要のある6つのルールについて言及しています。1つ目は，保護者は強化と報酬の価値を理解しなければならないことです。保護者は好ましい行動に対して報酬を選択できる強化子のリストあるいは強化メニューを決定するための支援が必要です。2つ目に，保護者は前提条件を操作することの価値，あるいは問題行動が起こる前に何が起こっているかを理解することが必要です。例えば，避難訓練がある度に，保育所の教室の中である子どもが叫び声を上げる，といった具合です。このケースでは，避難訓練が前提条件でした。いくつかのケースでは，単に前提条件を変更したり除去したりするだけで問題行動を回避することが可能です。避難訓練を中止するわけにはいきませんが，事前に避難訓練があることをその子どもに知らせておくことで，叫び声を上げることは回避できました。3つ目に，Wingは，行動管理のための訓練を親戚も含めた家族に実施することの重要性について言及しています。もし，1人が問題行動を容認すれば，他の人も同じように容認しなければ，その子どもは混乱をきたします。4つ目は，よい行動と悪い行動の区別がつくことを願いながら頻繁に問題行動を罰するよりも，そ

の問題行動を適応的あるいは機能的なスキルに置換する方がよいということです。もし，子どもが効果的な代替行動を示すようになれば，その問題行動はなくなるかもしれません。5つ目として，問題行動や容認できる行動に対する反応は，直後でなければなりません。強化と罰は目標行動に付随して実施されなければなりません。最後に6つ目として，保護者は，行動の変化には時間がかかり，一貫性が必要であることを理解する必要があります。ストラテジーが効果的になるには時間がかかり，短期間のお試し期間の後にストラテジーを変更しても，成功には導かれません。もし，あるストラテジーに効果がなければ，保護者は，そのストラテジーが対象の子どもと関わるすべての大人によって適切に実施されているかどうかを確認しなければなりません。すべての保護者が同じ方法でストラテジーを使用していることを前提に，長期間そのストラテジーを試してみるまでは，その方法が失敗であると決めつけてはいけません。

　しかし，おそらくもっと重要なこととして，行動はよくも悪くもなることを心に留めておくことが必要です。私たちは，悪い行動ばかりに着目し，子どもたちが獲得したよい行動への認知を忘れてしまう傾向があります。素早く効果的に問題行動に対して介入する必要があるのと同様に，私たちはよい行動について情熱とプライドを持って認め，ほめる必要があります。行動管理についてのより詳細については，第6章をご覧ください。

筆者の信念

　自閉症スペクトラム障害の子どもたちに対する万能の臨床アプローチなど存在しないと確信しています。慎重に計画し，構築したシステムは，個々の子どものニーズに合致するように作られなければなりません。保護者は，本の賢い読者にならなければなりません。これは，単に何か新しい本が出版されたからそこで紹介されている方法をやってみようというだけでは，彼らの子どもにとってよい結果を生まないでしょう。友人の子どもにある方法が有効だったからといって，自身

の子どもにも同様に有効とは限りません。保護者は,「治る」のような言葉を聞いても,そのような宣伝文句には警戒するようになる必要があります。保護者は,多額のお金を支払う前に,高価なプログラムや治療にきちんとした効果があるかどうかについて,独立したデータを示してもらうように,先方に依頼する必要があります。保護者は,もし信頼システムをぶち壊すような臨床アプローチであれば,「ノー」と言えるようになることも必要です。

取り組んでみましょう

今までにどのような指導ストラテジーを試してみたことがありますか？ どの方法がうまくいきましたか？ どの方法がうまくいきませんでしたか？ それはなぜでしょう？ 話し合ってみましょう。

第3章

自閉症スペクトラム障害の子どもが暮らしやすい家

　一見大事なことのようには思えないかもしれませんが，家の管理や家中のあらゆる物は，自閉症スペクトラム障害の子どもが順調に育っていくことに関係しています。自閉症スペクトラム障害の子どもたちは見て学習する傾向があるので，物が散らかり過ぎていると，必要以上のストレスになったり，うまく学んだり仕事をやり遂げたりすることの妨げとなったりします。整理・整頓され合理化された家は，物事をきちんとやる子どもを育てるのです。散らかった家は，避けることのできる不安や混乱の原因になることがあります。片方の靴や宿題などを探して，朝から走り回るようなことは，誰も好まないでしょう。そうしたことがあると，その日1日の調子が狂ってしまいます。

家全体の整理・整頓

　家中の部屋はすべて，自閉症スペクトラム障害の子どもが最大限に成長・発達できるように整理・整頓され，構造化されることが必要です。台所の整理・整頓が必要な，特別食を食べている自閉症スペクトラム障害の子どももいます。自閉症スペクトラム障害の子どもの感覚運動の力を伸ばすための感覚機器を備えている家庭もあります。このことは，別の用途に使うことができる空間を，その目的のために利用できなくなることを意味しています。これは，あなたが積極的に物を

整理・整頓しなければならないことを示しています。家族が過ごすリビングルームは，くつろげるものであると同時に，自閉症スペクトラム障害の子どもの好みにも合ったものでなければなりません。最後に，自閉症スペクトラム障害の子どもの寝室は，静かな，子育てに向いた部屋となるよう細心の注意を払うことが大切です。

子どもにとって安全な家

家を子どもにとって安全な場所にすることは，すべての子どもにとって不可欠ですが，自閉症スペクトラム障害の子どもがいるときにはとりわけ重要です（O'brein & Daggett, 2006）。保護者は，ドアやドアの鍵に注意を払う必要があります。出入り口のドアには，保安用のチェーンや鍵を高いところにつけることが大切です。もし，庭を柵で囲んでいなかったら柵をつけて，庭の門には鍵をかけましょう。薬も鍵のかかる安全な場所にしまいましょう。おいしいので，キャンディのように食べられてしまう子ども用のビタミン剤には特に注意しましょう。本棚のような重たい家具は，転倒防止用の器具で壁に固定してください。多くの自閉症スペクトラム障害の子どもは，高いところに登るのが好きなので，安全でない家具は大変危険なのです。誤って点火しないように，ストーブのつまみを取らなければならないこともあります。ペットがいるときには，ペットの食器やトイレ，おもちゃなどを子どもの手が届かないところに置きましょう。蛍光灯の光が体に痛みを与え，問題行動のきっかけになるという自閉症スペクトラム障害の人もいます。日々の生活を過ごしやすいものにしようと懸命に努力しても，小さな蛍光管があなたの家にとって不都合なことだってあるかもしれません。

整理・整頓のコツ

家の中を整理・整頓するために，片付けのプロを雇える余裕があるなら，あなたは恵まれています。それが無理だとしても，ここで2～3のコツを伝授しましょう。ほとんどの自閉症スペクトラム障害の人

は，情報を目で見て処理するのが得意な傾向があります。このことから考えると，収納は，物を保管し整理する一方で，自閉症スペクトラム障害の人がそれらを見ることができるようにする必要があります。多くの店に行くと，頑丈で色鮮やかな収納ケースなどの，様々な収納道具や手段を見つけることができます。おもちゃ，衣類，学用品などを，色のついた収納ケースに分類してまとめることもできます。クローゼットの洋服かけのみに頼らず，棚の部品を買えば，ほとんどのクローゼットで，服をかける空間に大きな収納スペースを作り出すことができるのです。さらに，子ども部屋に決まった大きさの収納場所を作ることは，新しく買うおもちゃの数を抑えるのに役立ちます。この章の後の部分で，おもちゃは，多いことが必ずしもよいことではないことをお話しします。

台所の整理・整頓

　多くの自閉症スペクトラム障害の子どもたちには，偏食があると言われてきました。彼らは，特定の歯ざわりや種類の食物を好むように思われます。Ernsperger & Stegen-Hanson（2004）は，自閉症スペクトラム障害の子どもたちはしばしば，偏食を超えて，いわゆる「反食」になると言っています。これは，子どもが健康でバランスのとれた食事をする力に大きく影響する，深刻な食物忌避を示す，食行動スペクトラムの最端部に位置する行動でしょう。反食の子どもの特徴としては，

- 10～15種類の食物だけを食べる。
- ある食品群しか食べない。
- 新しい食物を見せると，かんしゃくや吐き気などを催す。
- 全部の食事で同じ食品が，同じ調理法で出されることを要求する。
- 自閉症スペクトラム障害の診断がある。

　このリストは，自閉症スペクトラム障害の診断を基準の1つとして

含んでいるという点で特筆すべきものです（Ernsperger & Stegen-Hanson, 2004）。これは，わが子の食習慣について，保護者はいつも気を配らなければならないということを意味しています。反食が進まないように，あらゆる努力をする必要があります。同様に，特定の食物を好む子どもが，その食物を自由に食べることができるようにしてはいけません。空腹が満たされてしまうと，おそらく新しい他の食物を受けつけなくなってしまうからです。鍵をかけて食物を保管する必要があるかもしれません。食物自体は基本的に同じものなのに，異なるパッケージや見た目が違う食物を食べようとしない自閉症スペクトラム障害の子どももいます。筆者が関わりを持ったある保護者は，行きつけのスーパーが，彼女の子どもが好きな銘柄のフライドポテトを扱わなくなったことを嘆いていました。筆者は，好きな銘柄のパッケージをとっておいて，その中に別の銘柄のものを入れたらどうかとアドバイスしました。さらに，彼女は，好みの包装紙に入れない別銘柄のポテトを出して，子どもの抵抗は無視するように勧められました。数日後には，フライドポテトを食べたい気持ちが，おなじみの包装紙を望む気持ちに勝って，その子どもは別のポテトを食べるようになったのです。

　反食が進むことに影響する要因は，環境面の問題から行動障害に至るまで様々です。ある自閉症スペクトラム障害の子どもたちの場合，身体的，感覚的，神経学的な発達の障害が，食べることへの関心に作用します。Ernsperger & Stegen-Hanson（2004）は，食物新奇性恐怖，環境的問題，文化的関心，発達上の障害などを含む，最も一般的な要因を挙げています。

　食物新奇性恐怖は，新しい食物への恐怖と定義されます。これは，2歳頃の神経学的に正常な子どもの発達でも見られるのですが，保護者が，嫌いな食物を除去しようとする子どもの衝動に負けると，食習慣の発達に深刻な影響を与えることがあります。ほとんどの子どもは，5歳までに，この食物新奇性恐怖の時期を通過するのですが，拒否された食物が再び食卓に載せられることがないと，保護者は，知らないうちに，長期にわたる食物恐怖の持続を助けてしまうことになります。保護者は，前に拒否された食物でも出し続けるようにしなければなり

ません。その食物を子どもの前に置いて，それを食べるかどうかという子どもの反応は無視するのです。保護者が食べるか食べないかに反応するならば，子どもは，自分の反応を，その場面をコントロールするために使うでしょう。

　家族のスケジュールや必要性も，食事の時間を混乱させることがあります。保護者はしばしば，食事時間が一定でない場合には，子どもが空腹でないことに気づいて，いわゆる「間食」（一日中飲食すること）をさせてしまうかもしれません。これは明らかに食欲を削ぐことになり，新しい食物を出すことと組み合わせても，子どもが新しい食物を進んで口に運ぼうとする結果にはつながらないでしょう。子どもがテレビの前に座って，好きな番組を見ているときには，食欲が増すことに気づくことも多いでしょう。これは害のない方法のようにも思えますが，テレビを見ることは，長い目で見ると，食習慣の改善には役立たないのです。

　保護者が子どもの食事を関心の的にすると，子どもは，周囲の人をコントロールする機会として，食事を認識するのです。多くの保護者は，なだめすかしたりして，子どもに食べさせようとします。これはもっともなやり方のように見えるかもしれませんが，それは必要以上の注意を食事に注ぐことになり，結局は，反食の子どもをますます反食にしてしまうことにもなりかねません。行動に起因する食の問題（生理学的な問題によるものではない）を持つ子どもに用いられる方法は，子どもの目の前に食物を置き，子どもがその食物をどうするのかにかかわらず，子どもを無視することです。保護者は，食物を出す前に，子どものイスの下に汚れ防止のための布カバーを敷きたいと思うかもしれません。食物が落ちても食事を続けましょう。子どもに食べるように言ったり，食べたことをほめたりしてはいけません。食べることを，争いの焦点にするべきではありません。こうしたことは，食べることから自然さを奪ってしまいます。食べようとしない子どもは，保護者の心に不安を抱かせます。偏食の子どもは，空腹になると結局は食べるものですが，反食の子どもは，実際食べないですし，栄養摂取の不足のために健康を損ねることさえあるのです（Ernsperger & Stegen-Hanson, 2004）。

決まった時間に食事をすることも大切です。毎日，できるだけ同じ時間に食事をするようにしましょう。これは，きっかり定刻にということではなく，同じ時間帯に食事をするということです。課外活動のスケジュールは，必ずしも決まった時間の食事を考慮に入れたものではありません。その日のスケジュールによって時間がずれ，夕方におやつを食べたときには，サッカーの練習やバンドのリハーサルに合わせて，夕食を遅く始めることもできます。前もって計画を立てることが重要です。食事の献立決め，用意，食卓の準備などに子どもを参加させることが，食事の問題の解決に役立つかもしれません。

子どもが反食になる理由の如何にかかわらず，この非常に大変な問題への対応に役立つ指導方法があります。しかしながら，子どもが診断を受けたときから，食事の問題は挑戦するに値するものであることを理解し，最初から，この問題に積極的かつ効果的に取り組むことができるように，保護者を励ますことが大事なのです。

トイレのしつけ

自閉症スペクトラム障害の子どもたちの排泄のしつけには，いくつかの要因が関係しています。それらには，トイレや，排泄それ自体を恐れることなどが含まれます。トイレに強い関心を示し，何度も水を流すことに没頭する子どももいます。おむつをパンツに替えることで混乱して，しつけがうまくいかないこともよくあります。トイレに行くようになっても，おしっこはするが大便はしなかったり，その逆だったりすることもあると保護者たちは言います。トイレットペーパー，手洗い，他の排泄に関係する困難さなどの問題も，排泄の自立を妨げることがあります（Wheeler, 2004）。排泄スキルの発達を支援するために使える，多くの情報があります。結局のところ，成功するかどうかは，大人の側が，子どもの生活に対して，どのくらいの時間と忍耐を注ぐことができるかにかかっています。自閉症スペクトラム障害の子どもが身につける必要のある大部分のスキルと同様，指導の一貫性が成功の鍵になるのです。排泄のしつけを行おうとするときには，

次の要因を考慮しておくことが大切です。それらは，コミュニケーション能力，排泄に関する感覚的な意識，お決まりのパターンへの欲求，運動企図，不安，新しい状況への応答などです（Wheeler, 2004）。

　子どもがおまるを使うことへの抵抗感を減らすために，おまるをリビングに置く保護者もいます。家族と離れるのを嫌がる子どもは，おまるが共有スペースにあれば，それを使うでしょう。もし子どもが，水を流す音を怖がるようなら，別の場所でおまるを使うと成功しやすくなるかもしれません。保護者がトイレのしつけで迷うのは，男の子に立って排尿させるための指導の仕方でしょう。従来の排泄のしつけは，男の子におまるに座って排尿することを教えてきました。そのため，後になって，子どもに立って排尿することを再び教えなければなりません。再度のしつけがいらないように，最初から，男の子に立って排尿することを指導できる製品が利用できます。インターネットで検索すれば，こうした機器が見つかるでしょう。

体を動かすための空間

　家の中のスペースに余裕があり，感覚運動のための部屋を持っている家族もいます。こうした活動用の設備や器具を置くために，1部屋を当てることができなくても，大部分の家族はそのための場所を設けることができます。これらの設備や器具の種類は，子どもによって様々で，個々の子どもの感覚面での必要性によって異なります。多くの子どもは，ロッキングチェア，大型のセラピーボール，スクーターボードなどを好みます。跳ねたり揺れたりすることも好きですが，そのためには，戸外にトランポリンやブランコなどを置くことができます。

　感覚的な経験の大きな部分を占めるのは，遊びでしょう。子どもの仕事は遊ぶことですが，自閉症スペクトラム障害の子どもたちにとって最も難しいことの1つが，いわゆる一般的な遊びをすることなのです。子どもはボールを手に取り，それを地面に落としただけで，立ち去ってしまうかもしれません。以前筆者が関わった自閉症スペクトラム障害の子どもは，父親に，大きなボールを車庫の屋根に投げて，

それがゆっくり転がり落ちる「遊び」を教えました。父親は，これを何時間も続け，それを遊びだと思っていました。実際のところ彼の息子は単にボールを見て楽しんでいたのですが，これは本当の意味での遊びとは言えないものです。しかし，筆者の助言や励ましで，その子どもは「投げる」という言葉を学び，父親は手を添えて子どもを援助し，息子に向かってボールを投げることができるようになり，やりとりのある活動へと変わりました。さらに，そのボールはバスケットボールになり，リングに投げ入れられるようになって，感覚的な刺激が活動の中に取り入れられた遊びになったのです。

　家族は，子どもの運動面に加えて，遊びやコミュニケーションスキルの発達を促すために，作業療法士に感覚的な活動のプランを立てるための援助を頼むことができます。しかしながら，感覚運動指導に取り組む際には，気をつけなければならないことがいくつかあります。自閉症スペクトラム障害の子どもが感覚的な障害を持っているという点については，エピソードに基づいた情報は多いのですが，実証的な研究による証拠は不明確です（Rogers & Ozonoff, 2005）。感覚統合療法（Sensory Integration Therapy: SIT）は，前庭覚，触覚，固有覚への刺激によって，異常な感覚機能に対処すると主張する，1970年代に開発された指導方法です。多くの作業療法士は，SITが自閉症スペクトラム障害のための標準的な包括的指導プログラムの1つであると考えています。保護者は，自閉症スペクトラム障害の子どもたちにSITを適用した，客観的なデータのある研究は，4つしか発表されていないという事実を知っておくことが大切です。そのいずれの研究も，SITが自閉症スペクトラム障害と関連した感覚的な問題に作用することを実証していませんし，SITが推奨されるときによく言われる，コミュニケーションスキルの改善も示していません（Case-Smith & Bryan, 1999; Linderman & Stewart, 1998; Ray, King, & Grandin, 1988; Reilly, Nelson, & Bundy, 1984）。2000年代の文献のレビューの中で，DawsonとWatlingは，SITの効果についての結論が出ていないことが，研究があまり行われないという結果につながっていると述べています（Smith & Wick, 2008）。

共有スペースを機能させる

　自閉症スペクトラム障害の子どもたちは，目で見るのが得意な傾向があるので，その結果として，視覚的な「雑音」の影響を受けます。何が視覚的な雑音なのかは，人によって異なりますが，学習したり適切に行動したりすることを妨げるときには，それは雑音だと考えてよいでしょう。そうは言っても，学習や自立を促すために，視覚的な支援方法を用いることが必要不可欠なのです。それでは，視覚的な支援を行うことと，視覚的な雑音を避けることを，どうやって同時に考えたらいいのでしょうか？

　保護者は，キッチン，ダイニング，リビングルームなど，家の中の一か所を，主に視覚的な支援を行うための場所にするべきです。その支援内容には，1日のスケジュール，カレンダー，守った場合／守らなかった場合の結果が書き加えられたルールのリストなどが含まれます。視覚的なスケジュールやカレンダーについては，第4章で詳しく述べています。ここでは，一度作ったら，これらの支援具を，家族全員が容易に見ることのできる共有スペースに置いておいた方がよいと言うに留めておきます。こうしたコントロールセンターを簡単に作る方法は，コルクボードとホワイトボードを組み合わせたものを，買うか作るかすることです。この組み合わせは，家族の大部分に，予定や事情の変更を素早く伝えるための，最大限の柔軟さを提供するものです。コルクの部分は，カレンダー，1日のスケジュール，ルールを貼るために使うことができます。ルールを決めて，貼ることの大切さについて子どもと話し合っておきましょう。

　家族以外の養育者や教職員と同様に，保護者や祖父母，他の家族構成員は，家の中でのすべての行動を管理するルールのリストを一緒に考えなければなりません。このルールは，はっきりと正確に，受け入れられる行動を明示する必要があります。もし口汚く罵ることを許さないのならば，そのことを書いたルールを貼ります。毎日部屋を掃除することが必要ならば，その旨を書いたルールを貼ります。すべての守るべき状況についてのルールを貼ることが重要です。多くの家族

は，単にルールを話して聞かせるだけでは不十分なことに気づいています。聞いて覚えたルールを思い出すことはできても，それがルールを守ることには，通常はつながりません。保護者は，何度も何度も同じことを言うはめになるのです。それはもうやめましょう！　ルールのリストを考えて，それを書き，コントロールセンターに貼りましょう。さらに，そのリストをカードに書き写して，それらを別の場所にも置きましょう。子どもを支援する人がみな，同じように貼るべきルールのリストを持ち，そのルールを尊重することで意見が一致していなければなりません。また，公園やスーパーに行くなどの特定の場面のための，ルールの小さなリストを作ることも必要かもしれません。

結果

　結果のリストも，コントロールセンターで使われる必要があります。このリストは，罰に限らず，望ましい行動が行われたときに与えられるごほうびも含んでいます。ルールを作ったのと同じ人たちが，一緒に結果も考えることが大事です。受け入れられる，または受け入れられない行動に対する筋の通った結果を決めるようにしましょう。大人は，不適切な行動に反応することは，そう難しくはないのですが，しばしば，子どもたちがよいことをしたのを見逃すものです。子どもに適切な行動を繰り返してほしいのなら，その行動を強化することを肝に銘じておく必要があります。私たちは，時として，問題行動を探したり待ったりすることに多くの時間を費やし，受け入れられる行動をほめることを忘れてしまいます。すべての保護者に適した目標は，1度のネガティブな結果，すなわち罰に対して，2度のポジティブな強化，すなわち賞賛を心がけることです。つまり，子どもたちの悪いところを見つけるその2倍，いいところを見つけるようにしましょう。

単なる寝室ではなく

おもちゃ

　一般的に，子どもが眠る寝室は，おもちゃ置き場になっています。ほとんどの子どもはおもちゃが多過ぎるので，おもちゃが簡単に寝室を占領してしまいます。

　厳しいことを言うようですが，大抵の子どもは，かごや入れ物1つ分のおもちゃがあれば十分なのです。おもちゃが多過ぎると，注意がわずかしか持続されず，子どもの遊ぶ力に深刻な影響を及ぼす可能性があります。

　すでにかご1つ分以上のおもちゃを買っている家族にとっての解決法は，おもちゃを入れ替えることかもしれません。壊れたり，年齢に合わなくなったりしたおもちゃを処分した後で，3〜4個のかごや入れ物を用意しましょう。どのかごにも，車，ボール，人形などの，同じような種類のおもちゃを入れます。全部の入れ物がいっぱいになったら，1つを部屋に置き，残りはふたをして保管します。2〜3週間ごとに，容器を入れ替えます。こうすることで，おもちゃは子どもにとって長い間目新しく，刺激的であり続けることができます。また，この方法は，認知発達や遊びの柔軟性を促すことにもつながります。

　保護者は，世の中に出回っているおもちゃを全部買ってしまわないように助言を受ける必要があります。診断されたばかりの子どもに，多くのおもちゃを買ってあげたいと思うのは当然のことでしょう。保護者は，困難な診断を受けたという彼ら自身の悲嘆に対処するために，おもちゃを買う必要性を感じるかもしれません。さらに言うならば，保護者は子どもにおもちゃを買ってあげることが大好きなのです。ともかく，家族は，買うおもちゃをシンプルにするように忠告を受ける必要があります。たくさんの車やトラックのミニカーを買わずに，10台以下にするようにしましょう。多くの種類の家畜のセットを買うよりも，1種類にしましょう。あらゆるタイプの人形を買うのではなく，赤ちゃん人形1つと，ペアの着せ替え人形だけにしましょう。

飾りつけ

　保護者は，子どものお気に入りのキャラクターで寝室を飾りたいという誘惑に抵抗するよう助言される必要があります。子どもが多くの事物に反応を示さないので，お気に入りのキャラクターで部屋をいっぱいにしたいと保護者が思う気持ちも理解できます。保護者は，子どもが喜ぶ物を与えることで，自分が子どもの欲求を満たしてやれたと感じたいのです。しかしながら，装飾品やおもちゃという形の，1つのキャラクターで子どもを囲むと，知らず知らずのうちに，子どもの限られた興味を固定化することになります。例えば，子どもがあるアニメの汽車に興味がある場合に，その汽車に関する物をすべて買うことは，よい考えではありません。その汽車だけに囲まれたとき，子どもが別の関心を伸ばすことは大変難しいのです。ジャクソンが5歳になったとき，両親は，多くの動物セットを買って，彼の部屋を家畜で飾ることによって，彼の家畜へのこだわりを強めないことを望んでいたと語りました。その後，彼らは，自分たちが無意識のうちに，わが子の限られた興味を増長させていたことに気づいたのだと言いました。ワークショップに参加したある母親は，冗談めかして，それが，今の彼が関心のあるすべてのことなので，子どもの部屋を歴史的な事柄や絵などで飾ったことは間違っていたのかと筆者に尋ねました。もちろん，彼女はわが子を幸せにしたい一心からにせよ，彼の狭い興味に加担したことは十分に理解していました。彼女はまた，わが子はアスペルガー障害で，彼の興味はしばしば変わるので，彼の関心がすぐに変わることを恐れていると言いました。彼女は，また大急ぎで飾りつけをやり直さなければならないのではないかと心配していました。彼女には，わが子の部屋をごく単純な中間色の背景にするように考え，現在の彼の興味に関連した物をいくつかに限定して置くようにアドバイスしました。

ラベルを貼る

　自立を目指して，子どもの成長や発達を促すために，衣装だんすの

引き出しに絵と文字でラベルをつけましょう。靴下，パジャマ，Tシャツなどの引き出しにもラベルを貼ります。文字と絵を組み合わせることで，子どもは初め，絵を見て理解し，その後，おそらく文字を読むようになるでしょう。本，映画，容器などを入れる棚にラベルを貼ることも，子どもにとって手がかりになり，支援があれば，子どもは自分の空間を管理することを学んでいくでしょう。私たちは，コミュニケーションや社会的スキルの発達などに注意を向けがちなので，このことは，しばしば見逃されるものの，本当は大切な生活スキルの1つなのです。確かに，おもちゃを取り出すことは，コミュニケーションほどには重要性が高くないかもしれませんが，生活全般を通じて子どもの役に立つスキルなのです。

きょうだいについて一言

　保護者は，家庭で，障害のないきょうだいに特別な時間と注意を必ず注がなければなりません。兄や姉になることだけでも十分に大変なことですが，特別なニーズのあるきょうだいを持つことは，一層の難しさが加わるのです。多くのきょうだいが，孤立感，拒絶感，不公平感や，特別なニーズのあるきょうだいへの怒りなどの感情を報告しています。これらはすべて，子どもとして当然の感情であり，予想できるものです。保護者は，彼らの子ども全員に，確実に時間をかけなければならないのです。障害のない子どもは，自分の持ち物や空間を守りたいときであっても，決して自己中心的ではありません。破壊的な行動をする自閉症スペクトラム障害の子どもたちもいるので，自閉症スペクトラム障害ではないきょうだいが，寝室に鍵をかけることを認めましょう。保護者は，必ず，そのきょうだいに時間と注目を注がなければなりません。子どもはみな，父親や母親との特別な1対1の時間が必要です。自閉症スペクトラム障害の子どもと自閉症スペクトラム障害でない子どもに時間を注ぐことについては，微妙なバランスがすべてなのです。

　罰を受ける心配なしに，きょうだいが自分自身の怒りや欲求不満を

表現することを認めましょう。特別なニーズがある子どものきょうだいであることは、大変なことです。特別なニーズのあるきょうだいに対する責任は、しばしば年上の子どもの肩により大きくかかるので、兄や姉であることは特に大変です。保護者は、兄や姉に世話を期待したり頼んだりするべきではありません。もし彼らが世話をすると言ったら、保護者はその気持ちをきちんと受け入れましょう。しかし、世話をするかどうかは、年長のきょうだいが選ぶべきことです。特別なニーズがある子どもたちの年少のきょうだいは、保護者の注意が、特別なニーズのある子どもの同じスキルに向けられているので、彼らができるようになったことが、保護者に認められないことに気づくかもしれません。おまるでの排泄ができるようになった後、年上の自閉症スペクトラム障害のきょうだいが、まだおむつをつけていることを知ったときに、年少の自閉症スペクトラム障害ではないきょうだいが、おむつをつける状態へと退行していった状況について、保護者たちが筆者に語ってくれたことがあります。

テレビでの出来事と現実の出来事

　あなたの子どもがテレビと現実とを区別していると考えてはいけません。筆者の講演会で出会ったある保護者は、息子はスーパーヒーローが本当にいると信じていると言いました。この父親は、そのスーパーヒーローと彼の親友は、漫画に出てくる人で、現実世界の人ではないと説明しました。息子は、すごい論理で、腹立たしげに、「パパ、この人たちは、この人が出てくる映画を3つ作ったんだよ」と言いました。これは、筆者が万言を弄したり、研究が実証したりする事柄のどれよりも、問題の本質をよく示しています。ですから、保護者は、自閉症スペクトラム障害の子どもたちに見せるテレビや映画などの内容について、よく注意する必要があります。戦いによって他人を支配するようなキャラクターを見せることを避けるようにした方がよいでしょう。社会性・社交性に障害のある子どもに、力で自分が欲しいものを得るようなキャラクターの真似をしないことを期待するのは、そ

の子どもに対して公平ではありません。もし子どもが空想と現実とを区別できないなら、子どもはお気に入りのスーパーヒーローのような方法で問題解決をすることを選ぶかもしれません。つまり、力を使うことを選ぶのです。これは、保育所や学校で特に問題になります。些細なことのように思われるかもしれませんが、保護者が問題解決のための優れた役割モデルを見せることが重要なのです。

　テレビと、こうした暴力的な問題解決スキルに加えて、これらのメディアは、おもちゃと同じように、興味を制限する可能性があります。自閉症スペクトラム障害の子どもたちは、しばしば、特定の漫画のキャラクターにとりつかれたようになり、それがおもちゃの購入や、そのキャラクターに関連した飾りつけにつながります。漫画のキャラクターへの関心は、そのキャラクターが子どもの年齢にふさわしくなくなっても続くことがあります。筆者は、彼女の友達からは幼いと思われる着せ替え人形で今も遊んでいる、13歳の少女と関わりを持っています。彼女は、友達と人形のことについて話そうとするのですが、このことが彼女をますます社会的に孤立させていくことにつながります。最近、彼女の興味は人気のあるミュージカル映画に変わり、友達からの好意的な反応を得ています。

ハイテクが役に立たないとき

　コンピュータは、教科やコミュニケーションスキルを学習するために有効なツールです（Herskowitz, 2008）。実際に、コンピュータを使った語彙の学習は、強化などの方法を用いる指導法よりも効果的です（Moore & Calvert, 2000）。コンピュータを用いた教育は、社会的な相互作用スキルの発達にも有用なことを示す研究が現れてきています。アニメを使うことで、自閉症スペクトラム障害の幼児が、コンピュータを用いた教育を利用した問題解決ができるようになりました（Bernard-Opitz, Sriram, & Nakhoda-Sapuan, 2001）。

　しかし、多くの自閉症スペクトラム障害の子どもたちは、学習や、コミュニケーションあるいは社会的スキルの促進などに利用できない

ほど，コンピュータや様々なプログラム，インターネット上の活動に極端な興味を示します。保護者は，子どもがコンピュータに触れる時間と内容を制限するように心がける必要があります。1日あたり，30〜60分くらいが適当でしょう。1日1時間を超えると，子どもは現実の人と関わらなくなります。自閉症スペクトラム障害の子どもたちは，実際に人と関わる必要があります。もし子どもが，狭い興味に関連した情報や活動を得るためにコンピュータを使っているなら，それはこだわりの一部分になっていて，その一見無限に思える内容は，実は乏しいものになっているのです。こうして，そのコンピュータは，本質的に，テレビゲーム，それも大変高価なテレビゲームになってしまうのです！

筆者の信念

　運動・感覚的活動は，自閉症スペクトラム障害の子どもたちのための包括的指導プログラムにとって重要です。より説得力のあるデータがあればよいと思うのですが，それはありません。低学年で，運動・感覚的な欲求が攻撃的な形で表現される場合には，その子どもが中学，高校へと進む際の相談的な支援が，学齢期の子どもたちにとって最善の結果につながるでしょう。エピソードからの情報ですが，自閉症スペクトラム障害の子どもたちには，おもりがついた毛布やベストを使うのがよいようです。それらは高価で，すべての家族が買えるとは限りません。友人のリンゼイの助けを借りて，筆者は，おもりつきの毛布とベストが必要な幼児センターの子どもたちのために，水洗いが可能な毛布を作りました。筆者たちは協力して，手芸店で買った生地から毛布を作ったのです。生地は，ウルトラスエードと，光沢のあるサテンに似たポリエステルです。初めは上部を開けたままで，大きな枕カバーのように，2枚の生地を縫い合わせました（約130cm×130cm）。それから，上から下まで約15cm幅の管状に縫います。そして，それぞれの管に水槽用の砂利を1/4から1/3カップずつ入れます。次に，毛布を約15cmの高さで縫います。これを繰り返して，毛

布全部を約15cmの四角に分けた形で縫い上げます。これで，重さが1.4kgから2.3kgくらいの毛布ができます。水槽用の砂利は新しいアイデアで，おもりをはずさずに洗うことができるようになりました。また，砂利の粒はとても小さいので，どうして砂利が毛布の中に入っているのかと，子どもたちが文句を言うこともありません。筆者たちは，落ち着いて座っていられるようにするために，膝かけ毛布と肩に巻くスカーフも作りました。シンプルなベストの型紙を使い，明るく楽しそうな色合いの生地で，おしゃれなベストも作りました。ベストの内側に，プラスチックで包んだおもりを入れることができるポケットをつけます。このおもりは，洗うときには簡単にはずすことができます。子どもがベストを脱いでしまわないように，二重の蝶結びにできるひもを縫いつけました。

　筆者は，アスペルガー障害や高機能自閉症の子どもは，中学2年生くらいまでには，教科学習を行うためにキーボードを打つスキルを身につける必要があると思っています。もし，子どもが5年生の時点で手書きが大変苦手なら，その子どもは6年生になってもきっと同じ状態ですし，中学校で学習する内容が増えると，手書きが上手になるための練習時間もなくなるでしょう。子どもは自分の名前をサインできることが必要です。しかしながら，彼らが成人したときには，その子どもはおそらく小切手にサインすることはないでしょう。それは，この子どもたちの未来の姿ではないのです。彼らは，あちこちでカードをカードリーダーに通していることでしょう。テクノロジーが発達した彼らの未来は，おそらくこれまでの他のどの世代とも全く異なっているでしょう。多くのアスペルガー障害や高機能自閉症の人たちは，テクノロジーを利用した学級や職場でうまくやっています。筆者は，今こそが，多くの学習課題をこなすために，ペンと紙から，ワープロ，ノートパソコン，その他のコンピュータの利用へと移行していく転換点と考えています。これによって，多くの自閉症スペクトラム障害の子どもたちがメルトダウンを起こす場面が解消されます。手書きは，多くの子どもにとって大変面倒な作業です。聞く，読む，考える，答える，そして書くことを同時に行うことは，認知的な負担が膨大なものになる可能性があります。この「メルトダウン」レシピから

取り除かれるものが，手書き作業なのです。

　私たちは，生活の中で多くの混沌とともに暮らしています。いえ，自閉症スペクトラム障害の子どものせいではなくて，私たち自身が自らを取り囲んでいる乱雑さや素質などから生じる混沌です。筆者は，過ぎたるは及ばざるがごとし，と思っています。筆者は相当に几帳面なタイプの人間で，すべての物がどこにあるのか分かっていますし，余計な物はほとんど持っていません。もしあれば，すぐ人にあげてしまいます。あなたの家を調べて回って，散らかっている物をすべて片付けましょう。クローゼット，戸棚，隅から隅まで全部です。すべてを1日でやろうとしてはいけません。1度に1部屋ずつ整理するのです。物への愛着が片付けを邪魔しないように，断固として行いましょう。あなたにとっても思い出深い，子どもの古い動物のおもちゃがたくさんあったら，その擦り切れた「友達」の写真を撮り，贈ってくれた人や出来事などを書いておきましょう。そして，まだ傷んでいない場合には残しておきます。もし傷んでいたら，できるだけ環境に配慮した方法で，それを捨てましょう。古い電化製品やコンピュータをリサイクルする手段については，役所に尋ねてください。衣類を入れたクローゼットを見つけて，他の人たちがそれらを再利用できるように，大事に使ってきた服を取り出しましょう。今では，あなたの持ち物を売ることができる，子どもの服，家具，おもちゃなどの委託販売店が多くあります。

　無駄がないこと。簡素なこと。自閉症スペクトラム障害のわが子を努力して育てるにつれて，あなたの世界は物で溢れていきます。そして，子育てのために，物が置いてない，息をつくことのできる空間が必要になります。すべての物の置き場所を作り，そこに絵や文字を貼ることで，物をどこに置くのかが分かるようになります。こうすることで，子どもたちは，より積極的に片付けに参加するようになります。

　自閉症スペクトラム障害の子どもの中には，テレビ番組やファンタジー映画，スーパーヒーローなどのようなものを多く見るべきではない子どもがいると思います。現実と架空の区別ができない子どももいます。実社会でやっていくことに課題のある子どもは，腕力やパワーなどで圧倒するキャラクターに注目すべきではありません。こうした

問題解決法は，学校や仕事などでは役に立ちません。彼らは，身の処し方を学ぶための支援を必要としています。我々は，彼らに行ってほしい行動の見本を示さなければなりません。筆者は子どものときからテレビを見るのが大好きだったので，申し上げておきます。子どもが見る番組を注意深く，よく調べた上で選びましょう。最後に，1つのビデオを繰り返して見たいという子どもの欲求を強めようとすることはお勧めできません。それは，より一般的な言葉へと発達させることができる遅延性の，あるいは不完全なエコラリア（反響言語）をしばしば増やしますが，あまりよい結果になるとは考えられません。

コンピュータやテレビゲームは，自閉症スペクトラム障害の子どもを楽しませたり，教育したりするのに適していると考えています。ただし，子どものコンピュータの使用に注意を払うべきです。教育的なゲームとWebサイトは，自閉症スペクトラム障害の子どもをきちんと育てるための素晴らしい資源です。しかし，筆者は，それらは保護者の持つ最も強力な強化子だと思うので，父親や母親は，フィル博士の言う「流れ（currency）」を管理しなければなりません。コンピュータを，学校でのよい成績や店での適切な行動へのごほうびとして使いましょう。コンピュータとテレビゲームは，しばしば孤独な活動になり，子どもたちは1人でゲームを真剣に楽しむでしょうが，決められた時間を超えて行うことを許してはいけません。ほとんどの自閉症スペクトラム障害の子どもたちにとって，1日に30分から1時間でもゲームをする時間としては十分過ぎるでしょう。

『ナニー』（機知に富んだお手伝いさんが子育てなどで混乱した家族を救う，アメリカの人気テレビ番組）を見ることで，多くの知恵を得ることができます。彼女たちは，家は整然としていて，子どもは仕事と責任を持つものだという信念を持っています。そして，いつもルールを貼り出します。そして，彼女たちは常に，予期と結果という視点からの一貫性の重要性を強調しています。子育ての基本に立ち返りたいときにはいつでも，『ナニー』を見てください。

取り組んでみましょう

1. 非定型発達の当事者を同胞(きょうだい)に持つ定型発達のきょうだいには,どのように育ってほしいか話し合ってみましょう。
2. あなたの子どもが一貫して楽しく遊ぶおもちゃを書き出してみましょう。あなたは,子どもの部屋から何を取り除くことができますか。
3. コントロールセンターで利用可能なルールや結果のリストを作りましょう。

第4章

おしゃべりして，遊んで，試して，なってみる！

コミュニケーションスキルの発達

　コミュニケーションスキルは，生涯発達し続けます。それは飛躍的な話に思えるかもしれませんが，このスキルが，自閉症スペクトラム障害の子どもの人生を通して取り上げられるべきであること，そして幼少期の間だけに限るべきではないことへの根拠を説明するのに役立ちます。定型発達の子どもに向けた参考情報を提供するために，初期の発話と言語機能の発達の概要についてもこの章に載せています。論点がなく，「典型」が何であるかを認識し，参照するための「典型モデル」がなくては，効果的な臨床計画を立てることはできません。

誕生

　定型発達の乳児は，生まれた時点で，発話や言語機能を獲得するための「脳神経の仕組み」を持っています。赤ちゃんは人の声に最もよく反応します。また，赤ちゃんの聴覚は，人間の声に合うようなピッチと周波数で調律されています。生まれてたった20分程度の赤ん坊が同調（母子間の非言語コミュニケーション）と呼ばれるものを行います。同調は，新生児が人の話し声にのみ反応して，リズミカルに頭をうなずかせることです。リズミカルに叩く音や環境音では引き出す

ことはできないのです（Owens, 2015）。定型発達の新生児は，ランダムな顔の特徴よりも，世話をしてくれる人の目をよく見ています。このことは，後に自閉症スペクトラム障害と診断される子どもたちの場合，生後6か月のうちに，他者を見る，探す，笑いかける，声を出す可能性が低いということが明らかになっているという最近の調査結果に従うとすれば，特に重要な手がかりです。

　生後6～11か月までに，定型発達の乳児は基準喃語や反復喃語と呼ばれるものを行うことが可能です。このタイプの喃語の例は，音節の反復です（ままままま）。このとき まで，子どもは心地よい音をたてます。子どもが反復喃語に没頭するのは，心地よいからなのです。そのため，この喃語の段階は，もしかしたら，より高い認識機能への移行を示すときに，もっと重要なものとして捉えられるかもしれません。およそ生後8か月のときには，「エコラリア的な発話」または「エコラリア」に従事するでしょう。この段階の子どもは，他者のコミュニケーションを模倣します。これは「志向性」の発達と同時に起こります。志向性は意図の表現として定義されます。子どもは心にゴールを持っていて，そのゴールに到達するためにコミュニケーションを使用します。例えば，子どもがお母さんに注目してほしいときには，その目的を果たすために，わざとおもちゃを自分の座っている子ども用の椅子から落とすかもしれません。それは，以前遊んでいるときにたまたまおもちゃを落とした際に，お母さんがおもちゃを拾い，渡してくれたからです。生後8か月の今，おもちゃを落とせばお母さんが拾ってくれることを分かっているのです。意図はまさにそこにあります。目的を達成するためにおもちゃを落とすのです（Owens, 2005）。最近の研究結果では，自閉症スペクトラム障害の子どもは生後半年から1年の間，自分の名前に反応することが苦手であることが分かってきています（Nadig et al., 2007; Osterling, Dawson, & Munson, 2002; Werner, Dawson, Osterling, & Dinno, 2000）。

言語発達の概要

　初期言語発達の概要については，わかりやすく解説された本が入手

可能です。読者のみなさんは，発達の理論を提示している本やテキストがたくさんあることを知っておくとよいでしょう。1歳までに，子どもは多くの1語文を作り出します。この初期の語彙には，数多くの名詞やいくつかの動詞を含んでいます。2歳までに，子どもは多くの意味関係を表現するために，単語をつなげて2語文で発語します。つまり，子どもは，発語が使用される文脈に依存する異なる意味の数を表現するために2つの単語をつなげていると言えるでしょう。例えば，子どもが「わんちゃん　食べる (doggie eat)」と言ったとしましょう。これは，犬がえさを食べているという意味かもしれませんし，その子どもの食べ物を食べたという意味かもしれません。もしかしたら，お母さんの大好きな靴のヒールを食べたのかもしれません。ここで大切なのは，文脈なのであって，使われた単語ではないのです。3歳までに，3つ以上の単語を意味のある発話に結びつけていくでしょう。この段階で，構文または文法の規則に基づいて単語を結びつけていきます。この程度の発達段階である3歳児は，「わんちゃん　くつ　食べる」ということができ，誰も「わんちゃん　食べる　くつ」と言うとは思いもしないでしょう。構文的または文法的なスキルの出現は，環境から学ぶためというよりはむしろ，言語獲得のためのヒトの脳神経の仕組みについて再び論じるものになります。

発音

　発音は，連続的に発達します。中には，大人よりも子どもの方が発音しやすい音もいくつかあります。両親はたぶん，3歳児の発音は，わが子とはあまり親密度の高くない人たちには半分程度くらいなら理解できることに気づかされるでしょう。4歳になると，その割合が90％にまで上昇します（Owens, 2005）。発音の誤り音が自閉症スペクトラム障害の子どものコミュニケーション能力を落とし，支援すべき内容として取り上げる必要があるとき，このことが重要になります。自閉症スペクトラム障害の子どもの運動性言語の課題に向けた文献の中には，エピソードも多くあります。運動性言語の課題は，理解可能な単語の音を作るために子音と母音を順序立てて並べ，その音の連続

を効果的に作り出すことの困難であると説明されています。自閉症スペクトラム障害の人に対する運動性言語困難の診断は難しく，言語聴覚士の支援が必要になります。言語聴覚士は，こうした問題に取り組むために必要なアセスメントと個別指導計画の作成，そして実際の支援をする専門家です。

遊びと社会的スキルの発達

　ここでは，遊びと社会的スキルの発達の標準的な順序を挙げています。早い時期に，遊びと社会性の発達は密接につながります。ある領域の成長は，直接的にその他の領域の成長に影響を与えます。遊びや社会的相互作用のための基礎的なスキルは，赤ちゃんと保護者の関わりに起因しています。

　遊びは，象徴的そして社会的という2つの次元へと深まっていきます。それぞれの次元は，定型の発達段階の中で議論され，遊びの困難は，自閉症スペクトラム障害の子どもによって示されます。象徴的な次元においては，定型発達の子どもは，繰り返しの活動から変化のある活動や遊びの組み合わせへと変わる感覚探求または操作に熱中します。生後約6か月の赤ちゃんが，おもちゃを叩いたり，口に入れ始めるのはこの段階です。しかし，1歳の終わりまでにはこのタイプの遊びは，さらに変化のある感覚遊びとなっていきます。自閉症スペクトラム障害の子どもの場合には，感覚遊びがより可変的な遊びへと移行していかないかもしれません。彼らは1歳の誕生日を過ぎてもおもちゃを叩いたり口に入れているかもしれません。また，単純な遊びの筋書きにおいて，物理的におもちゃを操るより，むしろ並べるような遊びをするかもしれません。象徴遊びの次は，機能的な遊びへと移ります。機能的な遊びとは，対象物やおもちゃの本来の使い方や一般的な使い方で遊ぶことと定義されます。これは，正確に色分けして並べるというより，おもちゃの車を運転するなどの意図に合った方法で遊ぶことを指します。機能的な遊びに続いて，子どもは模倣遊びへと移行します。これは想像遊びとも呼ばれます。獣医になって動物のぬいぐるみ

をお世話するといった役割を担ったり，遊びの筋書きを発達させたりするでしょう。自閉症スペクトラム障害の子どもは，模倣遊びの発達に大きな困難さがあります。機能的な遊びから想像的な遊びへの移行に遅れがあり，感覚遊びや物遊びからほとんど成長しない子どももいます。それ以外の自閉症スペクトラム障害の子どもは，基本的な模倣遊びの筋書きは発達します。つまり，毎回ままごとセットを使って同じ方法で遊ぶといった限定的で融通のきかない筋書きが発達するということです。自閉症スペクトラム障害の子どもは，他者の持っている筋書きに引き込むか，または変化させようとする他者の試みに対して拒絶する場合もあります。

　遊びの社会的・社交的な側面における初めの段階は共同注意です。共同注意については本章の最後に述べています。社会的な遊びには，単独遊び，平行遊び，交差遊び，相互遊びといったいくつかの種類があります。単独遊びは，文字通り子どもが1人で遊ぶことです。平行遊びは，側にいる相手と関わりはしませんが，同じものを使って遊ぶことを指します。交差遊びでは，時折お互いのスペースやおもちゃで遊びます。そして最もレベルの高い社会的な遊びは，相互遊びです。この段階の子どもは，おもちゃを共有し，役割を分担し，様々な物を使って可変的な遊びの筋書きに熱中します。自閉症スペクトラム障害の子どもたちは単独遊びの段階で立ち往生するかもしれません。これは，子どもにおもちゃや筋書きの結果を自分で好きなようにコントロールさせることができるのでもっともなことです。時折，自閉症スペクトラム障害の子どもたちは，平行遊びまたは相互遊びにまで移行する場合があります。確かに相互遊びは自閉症スペクトラム障害の子どもにとって最も困難で，成功した相互遊びへと子どもを導くには大人や知見のある人からの支援が必要かもしれません。

遊びを支えるスキル

　遊びや社会的スキルに直接関わる3つの発達スキルが明らかになっています。共同参照，共同行為，発話交替です（Bringham, Yoder, Jarzynka, & Tapp, 2010; Owens, 2005; Schertz & Odom, 2007）。共

同参照は幼児と保護者が，同じ物や出来事に着目していることを指します。生まれてから最初の12か月ぐらいまでに，次の4段階で発達します。第1段階は，1～6か月の間に現れる共同注意と呼ばれるものです。例えば，お父さんが赤ちゃんからの注目を得るために赤ちゃんの顔の前でガラガラおもちゃを振るでしょう。また，目を合わせるために，お父さん自身の目の前でガラガラおもちゃを動かす場合もあるでしょう。第2段階では，6～8か月の間に現れる明確なコミュニケーションの意図が特徴です。乳児がお母さんを見て，次にクマのぬいぐるみを見た後，またお母さんに視線を戻します。第3段階では，8～12か月の間に現れ，ジェスチャーと発声が現れます。赤ちゃんはビンに手を伸ばして「ばばばば」と声を出すでしょう。最終段階である第4段階は，12か月のときに現れ，子どもが欲しいものを手に入れるために対象物の名前を呼びます（Owens, 2005）。

　共同行為は，乳児にとって，言語獲得や人間のコミュニケーションのルール理解の発達に不可欠であると長い間指摘されてきました。共同行為ルーティンは，定型発達の目印と共同行為の手順の発達の欠如により，自閉症スペクトラム障害の早期指標として，近年使用されてきました。共同行為の手順は，いないいないばあのような遊びがあります。生後6か月の間に行う遊びは，保護者との関わりを中心にし，遊びのスキルの発達に直接関連します。生後6か月以降の間に，個人内の遊びからおもちゃを対象とした遊びに移行していきます。自閉症スペクトラム障害の子どもたちが，物を使った遊びだけでなく個人内での遊びをしようとしたならば，共同行為の発達がなぜ研究者や介入者にとって興味深いものであるか理解できるでしょう。

　読者のみなさんは，おそらく発話交替に，共同参照と共同行為の両方が必要不可欠なスキルであることは分かっていることでしょう。1歳のときに，子どもと保護者は原会話というものに熱中します。もし，共同参照と共同行為が欠けているならば，相互の，そして入れ替わる発声のこのパターンは発達し損ねる可能性があります。さらに，原会話への従事の失敗は，2歳で見られる本当の会話スキルを身につけることにも失敗する可能性があります（Owens, 2005）。

遊びの発達

ガイドされた遊びへの参加は，遊びのスキル獲得に取り組むために使用される指導ストラテジーです。遊びのスキルの発達レベルを測るためのアセスメントに従って行います。大人は，注意深く子どもを観察し，子どもと仲間の遊びをチェックします。その後，人との関わり，創造性，コミュニケーション，想像力を支援する遊びを通して子どもをガイドします（Wolfberg & Schuler, 2006）。目標は，大人の指導なしに子どもが一緒に遊べることですが，最初は自閉症スペクトラム障害の子どもの一部としての遊びの手引きに気づくという大切な役割を担っています。子どもが遊びに手をつけないときには，大人が初めの一歩を踏み出す手助けをします。

一度子どもが遊び始めると，大人はスクリプトを発達させるような足場がけまたは支援を行います。建設現場の足場がけがまさに一時的なサポートであるように，子どもにとっての大人の役割も一時的なものです。大人は，社会的なコミュニケーションをガイドするという明確な役割があります。彼らが，他者のコミュニケーションに応答する，遊ぶために他者に質問する，他者の中に加わるときに，大人が子どもを支援するというのはまた違うタイプの足場がけです（Wolfberg & Schuler, 2006）。遊びのスキル向上のための指導に取り組む研究の増加は，自閉症スペクトラム障害の子どもたちにとってより優れた結果を提供します（Lantz, Nelson, & Loftin, 2004; Solomon, Ono, Timmer, & Goodlin-Jones, 2008; Yang, Worfberg, Wu, & Hwu, 2003; Zercher, Hunt, Schuler, & Webster, 2001）。

遊びの落とし穴

ほとんどの子どもたちは，おもちゃをたくさん持っていますが，たくさん持ち過ぎです。保護者が避けるべき落とし穴の1つに，たくさんのおもちゃを買うことが挙げられます。自閉症スペクトラム障害の子どもに対して，一度に，パズル，ボール，電車それぞれ1つずつと，動物のおもちゃ1箱程度があれば十分でしょう。子どもがたくさん

のおもちゃの中で,どれも使わずに,いかなるおもちゃにも目をくれず,たくさんのおもちゃの中をあてもなくさまようことほどがっかりさせられることはありません。この場合,むしろ余計なものがない方がよいのです。さらに,多くのおもちゃは認知的なやりがいに欠けています。もし,バッテリーで動くおもちゃや単純なリモコンで操作できるおもちゃであるならば,自閉症スペクトラム障害の子どもたちの学習の機会を失ってしまうかもしれません。すべての遊びは学習の機会なのです。幼い子どものために,単純な問題解決スキルと同じように,微細運動スキルを必要とするおもちゃを探してください。このスキルの組み合わせは,発達過程にある認知的な成長と発達に必要な認知的なやりがいを与えます。

その他の落とし穴は,漫画やゲームのキャラクターが過度に使われたものです。これに関しては,根拠となる研究は明らかになってはいませんが,筆者の経験から言えることです。自閉症スペクトラム障害の子どもたちは,漫画のキャラクターを含む活動には夢中になりますが,それ以外の活動を排除しようとする可能性があります。確かに,漫画の中には学習の機会があるものもあり,発達に積極的に貢献するものもあります。その他のものは,善対悪またはヒーローに焦点を当てるものでしょう。ヒーローは,多くの子どもたちに,善と悪に肯定的な教訓を与えるでしょう。しかし,多くのヒーローは,悪と戦うときに腕力で解決します。これは,社会的スキルや対処スキルに制限や混乱のある子どもたちにとって,実行可能な問題解決であるべきではありません。なぜでしょうか。それは,自閉症スペクトラム障害の子どもには腕力がないとは限らないからです。腕力は,空想と現実の世界の違いを理解しているどのような子どもにおいても,問題解決の手段になる場面はないと思います。

同じ系統の話で言えば,テレビゲームも自閉症スペクトラム障害の子どもたちにとって,実行可能な解決方法とはならないでしょう。いくつかのゲームから生じる可能性のある問題は,制限された認知的なやりがいや,社会的に不適切な問題解決方法(暴力や脅迫)を含んでいます。保護者は,テレビゲームやコンピュータゲームが何よりもまず第一に,認知的なやりがいと同様に肯定的な学習の機会を提供する

べきであることを認識するように注意しなければなりません。自閉症スペクトラム障害の子どもたちが大きくなるにつれて，その他のゲームや漫画，ビデオやその他のものが紹介されるでしょう。しかし，より幼い子どもに向けて，保護者は慎重に子どもが普段使うすべてのメディアを再検討してみることをお勧めします。

社会的コミュニケーションの発達

　Wetherby & Prizant（1993）は，子どもは1歳までに3つの意図を伝えることができるようになると指摘しています。この3つの意図とは，行動の規則，社会的相互作用，そして共同注意のことを指します。行動の規則は，子どもが他人の行動をコントロールしようとすることです。これらは，初めはジェスチャーを通して表現され，その後言葉を通して伝えられます。つまり，活動または物に対する要求を，初めは指差しによって，後に言語を使って示すことです。子どもは，物や人を遠ざけるという主張により，もう1つを規制しようとするかもしれません。社会的相互作用は，子どもの注意を引きつける方法です。これには，挨拶（手を振る・バイバイと言う），呼ぶ，泣く，抱っこしてもらうために手を伸ばすなどがあるでしょう。最後に，共同注意は，もう1つの物や出来事を共有するために，子どもがそれらに直接注目する方法の参考になります。

　コミュニケーションの発達と社会的な発達は，自閉症スペクトラム障害の子どもにおける遅れや中断が現れる初めの領域です。1歳になるまでに見られる発達に関する注意事項は，これらの領域に関連しています。Wetherby et al.（2004）によれば，後に自閉症スペクトラム障害と診断される子どもは，12か月までに自分の名前に反応しない場合があります。さらに，彼らは物や出来事を他人と共有しないかもしれません。この共同注意の欠如は，20年以上も報告されてきており，研究データはこの欠如が自閉症スペクトラム障害の特徴であることを示しています。さらに，その他の発達の遅れや言語に特化した遅れのある子どもたちにも当てはまるかについては明ら

かにされていません（Sigman, Mundy, Sherman, & Ungerer, 1986; Stone, Ousley, Yoder, Hogan, & Hepburn, 1997; Wetherby, Yonclas, & Bryan, 1989）。Siller & Sigman（2002）は，25名の自閉症スペクトラム障害の子どもに続いて，子どもの注意に焦点を当てるための注目に同調した保護者は，子どもの共同注意の意図を増やすことができるということを指摘しました。さらに，保護者の発言が子どもの着目していることと関連しているときに，言語発達が最も促されるという結果となりました。つまり，保護者が，子どもがしていることに合わせて発言し，手元にあるおもちゃや身近な出来事に関連する発言をしているということです。

言語発達

言語発達の指導は，教訓的行動アプローチ，自然主義的行動アプローチ，言語発達支援アプローチの3つのカテゴリーに分類される傾向があります。より詳細な情報は各見出しに分類してある具体的なストラテジーで説明しています。両親に，介入アプローチ，またはそれぞれの子どものために働きかけようとするアプローチを理解させるために要点を示します。ただし，すべての子どもに使える万能な手段はありません。

教訓的行動アプローチ

最も有名な教訓的行動アプローチは，離散試行型指導法（Discrete Trial Training: DTT）または，ロバースアプローチ（Lovaas Approach）です。DTTは，言語獲得のための基礎としてオペラント条件付けにおけるSkinnerのモデルに基づいています。大人の指導による多くの試行とドリルに取り組みます。子どもは大人の指導に従い，手元にある課題に必要のない付帯的または名ばかりの報酬をもらいます。このタイプのアプローチは，単一事例研究や小グループの研究パラダイムを研究基盤としています。このアプローチの長所は，マニュアルやカリキュラムによって容易に運用できることです。反対に

短所は，学習環境の不自然さ，スキルの一般化に限界がある，コミュニケーション発達に関する最新の研究データを基盤とはしていないことが挙げられます。

自然主義的行動アプローチ

機軸反応訓練（Pivotal Response Training: PRT）のような自然主義的行動アプローチもまた Skinner の学習モデルが使用されますが，より自然で子どもを中心をした文脈になっています。大人は，子どもの興味を引き出すシチュエーションを作り，その後，より多くの相互作用のために子どもの先導に従います。このタイプのアプローチもまた，単一事例研究や小グループ事例研究の中で経験的な支援がなされています。このアプローチの長所は，実際の自然な場面でやる気を起こさせる活動を利用するという点です。ただし，容易に実施するための組織的なマニュアルやカリキュラムがないという限界があります（Rogers, 2006）。

言語発達支援アプローチ

最後は，社会コミュニケーション・情動調整・交流型支援モデル（Social-communication, Emotional regulation, Transactional support: SCERTS Model）（Prizant et al., 2000）やフロアタイム（Greenspan & Weider, 2000）を含む発達上の言語に関する領域を基礎としたアプローチです。この介入は，言語発達の最近の理論を基礎としており，語用論または言語の社会的使用を基本としています。その他のアプローチと比べて，制限はありますが，いくつかの単一事例研究や小グループ事例研究でも使用されています。長所は，とても興味を持てるような自然な文脈の中で，社会的にふさわしい関わりをすることができる点です。ただし，短所として，定型発達モデルを基盤にしており，果たして自閉症スペクトラム障害の子どもにおいても同じモデルでよいかどうかはまだ分かっていないという点があります。さらに，コミュニケーション行動に焦点を当てることの複雑さから，

運用はあくまでも試験的であるという点も挙げられます。

共同注意

共同注意，特に，共同注意に応答することや，共同注意の開始は言語発達上重要であるという仮説に対する証拠が相次いで見出されています（Mundy, Sigman, Ungerer, & Sherman, 1986; Sigman & Ruskin, 1999）。その関連性に従うとすれば，共同注意に応答することと，共同注意の開始の双方に焦点を当てた根拠に基づく実践を見つけることになるでしょう。Yoder & McDuffier（2006）は，自然主義的行動アプローチから個別化された試行的なプログラムに及ぶ介入の連続体を記しました。両者の間のどこかに，最もよい兼ね合いを探す介入があります。

自然主義的なストラテジーは両親と子どもの間で展開される相互作用を映し出します。このストラテジーには，応答訓練（Responsive Training: RT）（Mahoney & McDonald, 2003）やフロアタイム（Greenspan & Wieder, 2000）があります。子どもと臨床家との両者間の関わりに着目し，大人の指示する活動と罰の両方を排除します。自然主義的行動アプローチの弱点は，共同注意における特定の注意の欠如でしょう。DTT の介入には，強化子を使い，特に共同注意に触れないなどの大人の指示があります（Yoder & McDuffie, 2006）。

取引アプローチや複合アプローチといった介入は，DTT と関連する自然主義的行動アプローチや実践的なストラテジーを含んでいます。取引アプローチの例として，社会的コミュニケーション，感情統制，取引支援モデルまたは SCERTS モデルが挙げられます（Prizant, Wetherby, & Rydell, 2000）。SCERTS モデルにおいては，子どもが活動を始め，その開始後にだけプロンプトが使われます。これは，大人が子どもの主導に従い（自然主義的），必要に応じて増加した相互作用にせりふ付けを提供することを可能にします。このタイプのアプローチの目標は，DTT に潜む落とし穴の1つでもあるせりふ付けへの依存を避けることにあります。複合アプローチは，取引アプローチ

やDTTの原理を含みます。一例として，Whalen & Screibman（2003）が挙げられます。まず，ルール遵守訓練（Compliance Training: CT）を行い，その後，子どもに共同注意のサインに応答する指導が提供されます。

　取引アプローチと複合アプローチの魅力はまさに，効果的なアプローチに応じて双方の世界のよいところを利用できるところにあります。保護者は，自然主義的行動アプローチとDDTを両端とする介入アプローチのスペクトラム（連続体）によっても，共同注意とステップ・バイ・ステップによるルール遵守訓練といった自閉症スペクトラム障害に認められる2つの本質的な障害には，適切に対処されない可能性があることを認識しておくことが必要です。また，すべての介入が子どもの自然な環境の中で実施されることによって，最も効果的であることを指摘することが重要です。米国学術研究会議（The National Research Council: NRC）は，2001年に，自閉症スペクトラム障害の子どもたちの般化を促進するために，彼らにとって自然な環境の中で学習するための機能的で意義深い機会を必要としていると示しました（Wetherby & Woods, 2008）。家族のサポートと関わり合いはいかなる臨床プログラムの成功にも必要不可欠です。

　究極的に言えば，早期介入は，よい結果をもたらします。早期介入とともに，早期の判定が必要です。専門家は，自閉症スペクトラム障害の子どもたちを早期に識別し，根拠に基づく実践を保障するように試みるために効果的なスクリーニングを実施し，計画を調査しようと試みます。一般的な開業医においては，スクリーニングツールのいくつかの利用が可能であり，定期健康診断の間に容易に子どもや保護者に実施する準備ができています。改訂版幼児用自閉症チェックリスト（The Modified Checklist for Autism in Toddlers: M-CHAT）（Robins & Dumont-Mathieu, 2006; Robins, Fein, Barton, & Green, 2001）は保護者の報告ツールであり，広汎性発達障害スクリーニングテスト（The Pervasive Developmental Disorders Screening Test: PDDST）（Siegel, 1996; Siegel & Hayer, 1999）は子どもに実施するツールです。これらのツールは，レベル1または集団スクリーニングツールとみなされます。レベル2または集中スクリーニングツールには，

系統的リスク信号観察用紙（Systematic Observation of Red Flags: SORF）（Wetherby & Woods, 2002）や対人コミュニケーション質問紙（Social Communication Questionnaire: SCQ）（Rutter, Bailey, Lord, & Berument, 2003）などが挙げられます。これらのツールは，レベル１のスクリーニングツールの結果や医者からの懸念によって依頼された場合に行います。

筆者の信念

　保護者は，自分の子どもが受けているすべての臨床に積極的に関わる必要があると思っています。専門家が１週間または１か月の間に子どもに指導する数時間が自閉症スペクトラム障害の子どもの発達に重大で長期的な影響を与えるというデータは１つもありません。保護者は，介入のストラテジーについて読み，その方法を実践する，または，家族にとって取り組みやすいと分かる実践をする，のどちらを選ぶかについて決める必要があります。

　また，共同注意の発達は，自閉症スペクトラム障害の子どもたちにとって今後のスキルの改善に重要であり，支援の取り組みにおける主要なポイントであるべきであると思っています。自然な環境におけるスキル獲得に焦点を当てた複合アプローチは，少なくとも系統立てて学習することに関しては，多くの自閉症スペクトラム障害の子どもにとってよい結果をもたらします。遊びのスキルは見落とされがちではありますが，その後の認知的な発達や言語の発達に必要不可欠であると思います。あなたのお子さんと遊んでください。子どもを遊びに熱中させてください。発達に適したおもちゃで，正しい遊び方を教えてあげてください。

　ブランドもののおもちゃで遊ぶことはあまりない方がよいでしょう。キャラクターやおもちゃ自体に注目するようなものも避けましょう。この支援が，遊びのスキルや，学校やデイケアセンターにおいて遊ぶおもちゃを選ぶ場面において，子どもの発達を柔軟にすることが分かっています。言語聴覚療法を学んだ学生は，ティッシュの箱を

使った取り組みに長年挑戦しています。あなた自身の遊びのスキルを伸ばしてみたいですか？ ティッシュを使った創作に挑戦してみませんか？ 真剣に，あなたの子どもに新しくて意味のあるスキルを教えるような頑丈なおもちゃを買うために，あなたが苦労して手に入れたお金を使ってください。

 取り組んでみましょう

1. 共同注意の例をいくつか挙げましょう。
2. 定型発達の子どもたちの遊びを観察しましょう。

第5章

学校が始まる！

先を見越した計画

　以前，ある若い母親からメールを受けとりました。その母親には，2日前に保育所に通い出した自閉症スペクトラム障害の息子がいます。そのメールの内容はこのようなものでした。保育所生活の初日は素晴らしかったのですが，2日目には，教師を叩き，叫び，そして友人たちに向かって握りこぶしを振り上げたそうです。その母親は何をすべきかを筆者に尋ねました。筆者は，「この母親は，なぜ新学期が始まる前に何をすべきかを知らなかったのだろう」と考えました。それから，「学校は，なぜ子どもと家族に対して，大きな生活の変化が起こることが分かっていたにもかかわらず，その準備のための支援をしなかったのだろう」と思いました。誰かが間違っていたのではないことは分かっていました。みんなが，ただ「受け身」モードの中で立ち往生していたのです。情報は力です。適切な情報があれば，あなたはあらかじめ必要な準備ができます。情報があれば，予習することができるのです。

あらかじめ準備する

　この幼い自閉症スペクトラム障害の子どもは，保育所入園後に経験

する可能性のある多くの困難に対処できるようになるために，そしてルール，遊び，共有などについて学ぶために，これまで入手可能な多くのソーシャルストーリーを学んできたに違いありません。彼は発話のある子どもです。しかし彼は，高いストレス下において，うまく言葉を使うのが難しいことはみんな知っていました。彼は叩くという手段にでるかもしれません。この状況では意外なことではないでしょう。こうなることはみんなが予想するべきでしたし，このような状況がずっと続くわけではないということも分かっていなくてはなりません。適切な支援と配慮があれば，彼は比較的すぐに彼の新しい学校生活に適応できることでしょう。

　学校に筋書きを提供するソーシャルストーリーに加えて，この子どもはまず，現有する言語能力を伸ばし，学校で使う言語を伸ばすために教師や言語聴覚士からの支援が必要になるでしょう。発話のある高機能自閉症の子どもたちさえ，新年度には教室でのコミュニケーションに困難を示すことがあります。新年度を迎えたり，学校を変わるとき，特に自閉症スペクトラム障害の子どもたちには，移行に関する困難を示す可能性があることを考慮しておいてください。

中学校への入学準備

　小学校から中学校への変化は，高機能自閉症やアスペルガー障害の人々にとって最も大きな課題になり得ます。中学校における人間関係などの社会的な関わりの世界は，自閉症スペクトラム障害ではない子どもたちにとってもストレスが多く，とても腹立たしく，混乱させるものです。この状況に自閉症スペクトラム障害の要素が加わることを考えますと，中学校時代は，こうした子どもたちが最も弱者となる可能性の高いことが容易に想像できます。アスペルガー障害や高機能自閉症の子どもたちは，社会的に複雑な環境を突き進もうとしている一方で，自身が学習面の困難に直面していることに気づくことがあります。こうした子どもたちの多くは，小学校段階においては学習面に困難をほとんど感じていませんでした。人間関係の複雑さと数学の両方ができないことのイライラを結びつけて考えてみてください。その結

果は爆発を引き起こすでしょう。この火に油を注ぐような状況は，これまで積み上げてきたすべてを燃やし尽くしてしまうことになるだけです。

アスペルガー障害の6年生男子のイメージがあなたの頭の中で燃え上がっている今，彼が中学校に入る前にどのような準備が必要だったのか考えてみましょう。1つの望みとして，彼は個人のカレンダーや計画表，または，彼のスケジュールや家族の緊急連絡先を入れておくPDA（携帯情報端末）を持っており，家族は必要な情報を得ています。彼は自身の時間割に気づけるように，学校の中の教室間を移動する予行演習を少なくとも1回はするべきでした。彼はすべての教師に会っておくべきでした（米国では中学校になると，教科ごとに異なる教室へ移動して授業を受けます）。学校初日よりも前の日にどこに座ることになるのかを知っておくべきでした。学校のルールを書き出し，このノートに貼っておくべきでした。個人のヒントカードを書いておき（例：手を挙げましょう。助けてください），簡単に使えるようにしておくべきでした。カウンセラーの部屋がどこにあるか知っておくべきでしたし，もしかしたら保健室の場所も知っておくべきだったかもしれません。彼がメルトダウンしたときや休憩が必要なときに行くことができる場所を知っておくべきでした。年度初めから彼の学力，社会性，行動上の合理的配慮，そして介入が書かれた適切な個別指導計画（IEP）または障害のあるアメリカ人法（Americans with Disabilities Act of 1990: ADA）に定められている第504条計画（504プラン）を作成しておくべきでしたし，その日の始業のチャイムが鳴る時点からそれが活用されるべきでした。

高校での困難

高校は，アスペルガー障害や高機能自閉症の人たちにとって，困難な場となる可能性が高まります。社会性の問題は残るでしょうが，新しい問題へと変わっていくでしょう。学力面の課題はおそらく続くでしょう。同じ学力ですが，異なる部分があります。高校に困難がないと言うことはできませんが，もしあなたの子どもの行動への期待が一

貫しており，歩んできた道の中で構造化し，早期支援をしてきたなら，卒業式までやり遂げることができるでしょう。これを証明する特定のデータはありませんが，筆者は早期介入，一貫した子育て，コミュニケーション支援，そして構造化による支援を受けてきたアスペルガー障害や高機能自閉症の子どもたちは大学においても偉大な成功を修めるだろうと信じています。

　ここで肝心な点は，あらかじめ計画を立てなければならないということです。保護者が，計画された支援が成功を導くために適切であることを教師とともに確認しなければなりません。あなたは，事前に情報を共有しなければなりません。いくつかの部分で間違っていると推測したことが明らかになったら，計画を変更する準備をしなければなりません。しかし，まだ多くは正しいと受け取ってしまっているでしょう。あなたは，子どもが理解し，受け入れ，最終的には適応する方法を見つけたとき，辛抱強くなければなりません。もしあなたが適切でしっかりとした土台を築いたなら，子どもはそれをもとに高校生活を築き上げていくことができるのです。

わが子について説明する

　多くの報告やクレームとは違い，これは学校に対抗するということではありません。家庭と学校は連携しなければなりません。すべての人は子どものニーズに関して同じ考え方でいなければなりません。保護者は，学校のポリシーに合わない指導ストラテジーや行動調整ストラテジー，スキルを使うように学校に依頼することはできません。例えば，若干の保護者は体罰を行います。しかし，学校ではもうこのようなタイプの介入を許しません。学校と家庭で使われる行動調整システムが一貫していることが肝要です。首尾一貫性のなさが問題行動をもたらします。2つの異なる期待が問題行動をもたらします。もし子どもが家で反復的に蛍光灯を点滅させることが許されるなら，学校でも同じ行動をしようと試みる可能性が高いです。この子どもは学校でこれをすることは不可能でしょう。はっきり言って，この子どもは，

家でそれをしている必要もありません。それは実世界で何の役にも立たない行動です。筆者が知る限り，蛍光灯を取り替えることだけを必要とする仕事はありません。学校で蛍光灯を点滅させることは，一般的に教師によって正当に評価されません。家でこの行動をなくすことは，学校やその他の状況で役立つでしょう。

一度，学校と家族が個別行動支援計画（IBP）で連携を図ったら，その計画は子どもの学習面のIEPに組み込まれなくてはなりません。誰もが，学習面の要求レベルが，行動上の懸念を引き起こすことを理解しなくてはなりません。IEPとIBPを切り離して持つことは不適切です。もしこれが推進されるなら，学業と行動の相互作用の理解が欠如してしまいます。筆者は教師が，問題行動に焦点を合わせたにもかかわらず，学習面の不適切な要求が問題行動を引き起こしたことを認識していなかった例に遭遇したことがあります。筆者はまた，学校で多くの課題があるにもかかわらず，家ではほとんど困難がないと誤認していた保護者に出会ったこともあります。

保護者は，学校が問題行動を引き起こす可能性があることを理解する必要があって，学校からトラブルの報告を受けても驚くべきではありません。通常保護者は，まさか学校が子どものニーズを満たそうとしていないとは考えないものです。一方で学校は，保護者がこれらの問題が家で起こらないと述べているからといって，保護者が子どもの問題を直視できていないと解釈すべきではありません。診断がなされた直後の時期が，自閉症スペクトラム障害の子どもを持つ保護者にとって，学校が最もつらいときであるに違いありません。

辛抱強さは美徳である

今，実態把握は多くの学校において重要であると認識されていますが，自閉症スペクトラム障害の子どもたちをどう支援するかについての研修はあまり行われていません。現在，自閉症スペクトラム障害は88人に1人が診断されていますが（Centers for Disease Control and Prevention, 2012），この高い割合に応じた研修体制が整っているとは言えません。さらに，高機能自閉症やアスペルガー障害の子ど

もたちは，最も困難を伴います。なぜなら，担任教師の多くは，授業で学んだことを暗唱できるレベルの子どもたちに対しては特別な配慮をする準備をせず，日々の授業スケジュールのちょっとした変更も許さないからです。多くの教師は，ある幼稚園児が読むことはできるのに，単純な指示に従わないときに混乱してしまいます。高機能自閉症やアスペルガー障害の子どもたちは，その多くが通常の学級に在籍し，リソースルームにおける指導（通級による指導）の対象になれません。なぜなら，最新の教育法である個別障害者教育法（IDEA），そして落ちこぼれ防止法（No Child Left Behind: NCLB）の対抗が，自閉症スペクトラム障害の診断があったとしても，自動的に IEP を作成する対象にはならないからです。自閉症スペクトラム障害が重度化して学習面の困難をきたさない限り，子どもは IEP の対象にはなりません。

学校に勤務する言語聴覚士は，軽度の困難がある子どもたちが特別支援教育の対象となるかどうかを示す鍵となる判定基準として，「学力に悪影響を与える」というフレーズをよく聞くかもしれません。2004 年に改正された IDEA は，こうした子どもたちの特別支援教育へのアクセスを増やしました。学力だけでなく，どのようにその困難が子どもの生活面にも悪影響を及ぼすかが強調されるようになりました。つまり，学校に勤務する言語聴覚士は，学力面の問題点だけでなく，学習環境についても考慮しなくてはならないということです。学習環境は，通常の学級やその他教育に関連する環境，放課後のクラブ活動や学力とは直接関係のない活動も含むと定義されています。これは，教室環境が与える影響について考慮しなければならないだけでなく，休憩時間や通学バスの中，昼食時間，学校のクラブ活動やその他の活動中の友人との関係作りへの影響についても考慮しなければなりません（Yairi, 2012）。

教育的介入に対する応答（RTI）

米国では，州によって多少教育施策に違いがありますが，ほとんどの学校では，IEP の作成が必要かどうか決定するために，子どもの

教育的介入に対する応答（Responsiveness to Intervention: RTI）を評価し，彼らがどの層に位置づくのかを判断しています。この層と呼ばれるものが，RTI の不可欠な部分です。第1層は，通常の学級で，教師が毎日学級集団に対する指導を行います。これは，学級に在籍している全員の学習ニーズを満たそうとするものとは異なります。この第1層では，教師が様々なストラテジーを試し，その授業計画におけるストラテジーや予測される子どもたちの応答を文書化したものが求められます。もし，それでも子どもに困難が伴っているのであれば，第2層における指導を行います。この層では，子どもは，少人数学習を行う教師の小グループに参加します。例えば，南ジョージア地方の学校には，学習支援チームがあり，言語や学習面に困難のある子どものために小グループ指導を行います。この層における指導で効果が得られなかった場合には，第3層に進みます。この第3層においては，特別支援教育担当教師，言語聴覚士，あるいは，職業セラピストによるさらに専門的な介入を伴うスクリーニングが行われます。もし障害があると判定されたら，第4層へと進み，その子どもの困難に関係する領域のすべてのアセスメントが行われ，IEP が作成されます。

　いくつかの州では，自閉症スペクトラム障害の診断を受けた子どもは RTI のプロセスを実施しなくてもよいというルールを適用しています。これは自閉症スペクトラム障害の子どもは何もしなくても IEP や特別支援教育による支援を受けることができるという意味ではありません。もし子どもが特別支援教育を受ける資格を有しているなら，その支援を受けるべきかどうか決定するためのアセスメントをすぐに受けることができるという意味です。IEP を作成するためには，子どもの困難が学習面への顕著な影響を与えていることというルールがあることを思い出してください。これは，高機能自閉症やアスペルガー障害の子どもには特に重要です。なぜなら，このような子どもは，特別支援教育の支援を受けるほどの低いテストの点数や学力の評価ではないでしょう。適切な専門家による，適切な方法で適切なツールを使用した丁寧なアセスメントを行うことが，高機能自閉症やアスペルガー障害の子どもにとって本当にその支援が必要かどうかを証明するためには不可欠です。テストの実施は，アセスメントの実施過程にお

いて大変重要です。テストは一般的に静かな環境で，一対一で実施されます。これは，実際に子どもが過ごす環境とは異なります。つまり，いくつかのアセスメントを教室環境でも行う必要があります。

隠れたカリキュラム

　学校や一般社会のように，自閉症スペクトラム障害の子どもに影響を与えるもう１つの様相は，「隠れたカリキュラム」と呼ばれているものです（Myles & Simpson, 2003）。隠れたカリキュラムとは，スラングや「誰もが知っている」けど明示的に述べられていないルールを指します。ある教師が教室内で静かな話し合いをすることを許可する一方で，他の教師がそれを許可しない場合であっても，それぞれの教師はそのルールを公表しません。自閉症スペクトラム障害の子どもは，自己中心的に考えているとき，その教師を喜ばせる行動は何なのかを理解していない可能性がありますし，教師を喜ばせる必要性が理解できないのです。地域の隠れたカリキュラムには，見知らぬ人に話しかけないことも含まれます。しかし，警察官は見知らぬ人であり，もし警察官が自閉症スペクトラム障害の子どもに質問しているなら，警察官はその子どもからの返答を待つでしょう。しかし，自閉症スペクトラム障害の子どもたちは通常，例外が許されないほど極端に黒と白を区別するという，１か０かのルールを持っているのです（Myles & Simpson, 2001）。

学校における教育的介入

TEACCH

　教室環境における有効性が評価されてきた介入ストラテジーはごくわずかです。教室に特化して開発された唯一のモデルはTEACCH（自閉症スペクトラム障害及び近縁のコミュニケーション障害の子どものための治療と教育アプローチ）です。介入のためのTEACCHはノー

スカロライナ州で開発され，世界中で偉大な成功を遂げてきました。Randall & Parker（1999）は，以下の特徴から，TEACCH が他のアプローチよりも望ましいとして選びました。自閉症スペクトラム障害の人への敬意が払われていること，保護者への敬意と自閉症スペクトラム障害の人の家族，支援計画とサービスの提供におけるすべての局面で支援者が存在すること，専門職員によって子どもの発達のすべての側面に影響する自閉症スペクトラム障害の詳しい知識が与えられること，職員が寛容な態度で当事者に接すること，このアプローチを支持する長期間のデータが存在すること，成人期に入る自閉症スペクトラム障害の人々に役立つ包括的指導プログラムが存在すること，そして英語話者でない国々において採用されるという明らかな順応性があることなど…。要するに，TEACCH は子どもたちに，様々な状況において，多くの目的で，多くの意味の伝達を教えることを強調します。行動分析学と心理言語学のアプローチが融合された代表例です（Watson, Lord, Scaffer, & Shopler, 1989）。

　TEACCH はテクニックでも，テクニックの集合体でもありません。誰にも使用可能なチェックリストとは反対に，個別の特定のニーズに基づいた支援計画の開発を可能にする，包括的な支援の提供のためのモデルです。TEACCH は，自閉症スペクトラム障害の人々が最大の可能性に到達することができるように，コミュニケーション能力と自立を改善させることを主な目的としています。TEACCH は，大抵の行動修正プログラムのように行動に焦点を合わせるよりも，異常行動の根本的な原因に言及するのに役立て，それによって適応能力を増加させ，行動の困難を減らします。このアプローチの結果は，自閉症スペクトラム障害の人々が，より欲しいことやニーズを伝え始め，彼らのニーズが満たされるように，他人の行動に効果的に影響を与えることができるという認識ができるようになることです。さらに，単純なことでも成功したと認識をもたせることから始めることによって，次第にタスクと環境の複雑さを増やすことができ，彼らの自立を促すことができます。

　視覚刺激の入力が自閉症スペクトラム障害の子どもたちに好まれているため，TEACCH は視覚支援の概念に大きく依存しています。ま

た TEACCH は，教室での休止時間を許容しない構造を含みます。このモデルは，子どもが受動的に座るのではなく，活動に積極的に従事することの重要性を強調します。それぞれの子どもが「イン」ボックスと「フィニッシュ」ボックスまたは「アウト」ボックスを含むワークステーションを持ちます。子どもは必要とされる課題を終わらせ，「アウト」あるいは「フィニッシュ」ボックスに動かします。「イン」ボックスが空になると，遊びや休憩をとることができます。TEACCH もまた，初めに課題をし，それから遊ぶといったように，「初めに，それから」のようなせりふを含んでいます。このモデルには，面白い活動または学習活動を入れておくことができるワークボックスを含んでいますが，子どもが常に学習に集中できる数に設定することができます。TEACCH は，離散試行型指導法（Discrete Trial Training: DTT）と同程度の即効性はないかもしれませんが，子どもが，DTT と同じくらい多くのプロンプトや合図がなくても自ら学習を始めるとき，その子どもはさらに自立した学習者になるという考えがある程度支持されています（Siegel, 2008）。

例えば，ある幼い子どもが，幼稚園にいる間ずっと教室内で一対一の支援が利用可能で，教室内で活動に参加していました。その子どもは，「イン」ボックス，作業スペースに「アウト」ボックスのある教室内に作業スペースを持っていました。彼はまた，絵カード交換式コミュニケーションシステム（PECS）の本と視覚スケジュールをステーションで使うことができました。このスペースで，次にやるべき学習（作業，ワーク）を「イン」ボックスに入れ，左から移動させたワークを右の「アウト」ボックスに移動させるといった別々の試験的活動の練習をしました。学級のカリキュラムは，彼の母親と担任教師によって変更されました。彼が効果的にグループ活動に参加できるときは，グループ活動をしました。彼が感覚の休養を必要とするとき，彼は PECS の本を使って休憩を要求しました。これは，統合した TEACCH のアプローチの様子を素晴らしくよく描いています。

世間一般の考えに反して，DTT，ロバースアプローチなどは，学校環境において広範囲に導入が試行されませんでした。DTT は，5歳以前で始められ，少なくとも 2 年間続けて家庭をベースに，集中

的なプログラム（1週間におよそ40時間）が実行されたときに結果が改善されることが明らかになっています。いくつかの実践例では，DTTを成功に導き，学校環境に合わせて修正するように試みています。DTTは，いくつかのスキル獲得の手助けになると予想されたものの，学校におけるDTTの使用を評価するという考えは，既存の文献では述べられたことはありません。DTTは5歳以上の子どもに経験的な支援を行うには限界があることを認識し，学校環境でそれを使おうと試みるときには注意が必要であることを私たちは認識する必要があります。

ジッグラトモデル

ジッグラトとは，特別なあるいは崇め奉る目的の古代の神殿のことを指しますが，特別なニーズのある子どもたちへの教育モデルに対する悪いイメージではありません。2007年に初めて紹介されて以降，ジッグラトモデルは，高機能自閉症やアスペルガー障害の人に対して教育支援を提供する専門家の中での1つの構造として好意的に受け止められています。このモデルは，高機能自閉症の人たちのこのサブグループの間での社会的，感情的，行動的懸念の結果による障害に作用します。ジッグラトモデルにおける5つのレベルの階層的構造には，以下の5つのレベルが含まれます。

- 感覚的相違と生物学的ニーズ
- 強化
- 構造化と視覚的支援
- タスクの要求
- 教示スキル

このモデルを用いることで，感覚的相違が最初に導入され，それからそれぞれの学ぶべきスキルの中に，それぞれの成功レベルが明示されなければなりません。この5つのレベルのそれぞれを導入することの失敗は，介入の効果に影響を及ぼし得ますし，スキルが伸びない

可能性があります（Aspy & Grossman, 2007）。

　ジッグラトモデルには，背景となる特性チェックリスト（Underlying Characteristics Checklists: UCC）と ABC-Iceberg（ABC-I）の2つのアセスメントツールが含まれます。チェックリスト（UCC）は，知的障害を伴う自閉症スペクトラム障害や高機能自閉症，アスペルガー障害の人たちに適用します。ABC-I は，古典的な前提条件－行動－結果のアセスメントですが，多くのこうした行動上の懸念が氷山の基礎，つまり表面上に現れない水面下に，問題の根源があることを示します。

　ジッグラトモデルは専門家と保護者間の連携を支え，促進させます。このモデルはまた，困難や懸念を特定する手助けになり，アセスメントを導き，支援を計画し，支援計画をチェックし，再評価するためのコンサルテーションツールとして有益に利用することが可能です。文献や根拠に基づく支援ストラテジー（Aspy & Grossman, 2007）と呼ばれる米国政府のガイドラインの法令遵守を維持する手助けとなるため，これはアセスメントや支援計画作成過程の重要な部分です。興味を持たれた保護者や専門家のみなさんは，ジッグラトモデル（Aspy & Grossman, 2007）とアスペルガー障害，自閉症スペクトラム障害，関連する障害のある個人のための包括的自閉症（支援）計画システム（Comprehensive Autism Planning System: CAPS）（Henry & Myles, 2007）の双方を入手するとよいでしょう。

COMPASS

　子どもたちや保護者，教師たちを支援していると考えられる，もう1つのモデルは COMPASS（コンパス）モデルです。COMPASSは，能力と成功を促進させる連携モデル（Collaborative Model for Promoting Competence and Success）の略称です。このモデルは，間接的支援サービスを提供するアプローチとして，成功するコンサルテーションのための枠組みを提供します（Ruble & Dalrymple, 2002）。開発者は，このモデルの全般的な目的について，児童生徒が学力を身につけることにあると述べています。このモデルはまた，機

能的なスキルの発達の重要性を強調することで，問題行動を防止し，アセスメントのデータと指導計画の間により強い関連性を与えるために学校関係者と保護者，施設職員等の間の連携を促進させる方法を探ります（Ruble & Dalrymple, 2002）。

個別家族支援計画（IFSP）と個別指導計画（IEP）

IDEA は，特別な支援が必要な子どもたちの教育を管理している連邦法であり，子どもの年齢によって2種類の書類の作成を要請しています。36か月よりも幼い子どものために，個別家族支援計画（Individualized Family Service Program: IFSP）の作成が法的に求められてます。IFSP は子どものニーズだけでなく，その家族のニーズにも取り組むために支援が展開されます。保護者は，家族と特別な支援の必要な子どもが合わせる目的と同様に，特に家族の長所とニーズの記述に関して，IFSP の作成に積極的に関わります。

IFSP の項目に含まれるものとして，詳細な生育歴，家族と子どもの最新の状況，家族の情報源，優先順位と関心，望ましい結果と提供される支援が挙げられます。もし子どもが3歳の誕生日が近付いているなら，IFSP は，その計画が個別指導計画（Individualized Education Program: IEP）として，学齢期（3歳以上）においても支援内容が移行できるようにする必要があります。IDEA が IFSP の作成を要請していても，学校は支援を提供する公共機関ではないかもしれません。0〜3歳未満の子どもについては，発達支援センターや個人で開業している医師や各種セラピストなどによって提供されることが多いのです。

小学校以降の段階

学齢期の子ども（米国では3〜21歳）にとって，必要となる文書は IEP です。IEP は長期・短期目標を定めるにあたって保護者の参加を必要とします。IEP には，コミュニケーション，運動能力の発達

などに加え，学業やその他の領域の現段階での成績レベルの記述を含まなくてはなりません。また，彼らの障害から生じるニーズを満たすような測定可能な長期・短期目標，そして子どもの進捗状況を測定する方法が含まれていなくてはなりません。IEPはまた，子どもが何の支援を，どの程度の頻度で，そして誰から受けるかについても記述します。追加の項目には，子どもがどの程度通常の教育カリキュラムに参加するのかについてや，地方レベルや国レベルの標準学力調査に必要とみなされるすべての合理的配慮の内容も含まれます。代替のアセスメント手続きとして，ポートフォリオによる評価が使用されることもあります。これらは，国や地方によって子どものスキルの獲得と昇級を決定するために必要となる標準学力調査の代わりになります。

　自閉症スペクトラム障害あるいはアスペルガー障害の子どもたちの中には，医療的な診断はあっても，障害の重症度が学習の困難を引き起こさない程度であるために，特別支援教育やIEPの対象にならない者もいます。この場合，そうした子どもは障害のあるアメリカ人法（Americans with Disabilities Act of 1990: ADA）に定められている第504条計画（504プラン）の資格があるかもしれません。これはしばしば「その他の健康障害」カテゴリーと呼ばれています。筆者は，高機能自閉症やアスペルガー障害の子どもの多くがIEPの対象ではないものの，特定の合理的配慮を必要とし，従って第504条計画を必要としていることを理解しています。すべてのIEPを持つ子どもたちが第504条計画の権利を持っている一方で，第504条計画を持っている子どもは自動的にはIEPの対象にはならないことに注意しておくことが重要です。

学年延長と退行／挽回

　自閉症スペクトラム障害の子どもたち全員が学年延長（Extended School Year: ESY）の対象になるわけではありません。ESYは特別なニーズのある子どものための夏季指導プログラムを考慮に入れます。これは夏休みの補習と同じではなく，昇級を支援するための教育

プログラムです。子どもが年度の終わりに学習あるいは新しいスキル獲得を達成する間際であり，継続的な教育の欠如がせっかく学んだ学習内容やスキルを失う可能性が高いと考えられるとき，ESY が適切であると判断されます。もう1つの ESY が必要な理由は，もし子どもが夏休みの後に顕著な退行を示し，その失ったスキルをもう一度取り戻すために，新学年度に入って最初の4〜6週間は，復習に時間を費やす必要がある可能性が高いことです。大抵の子どもたちは，夏休み中に練習しなかったスキルを取り戻すにはある程度の時間が必要です。もし挽回の期間がずっと予想以上に必要になるなら，あるいはもしスキルが取り戻せないなら，ESY が選択肢として考慮される必要があります。

　この状況で保護者が理解するべき最も重要なことは，夏休み中は，授業期間中に機能したあらゆるスキルや経験を中断するときではないということです。学期中に作成したスケジュールは夏休み中にもきちんと導入される必要があります。毎日の経験の一部として，たくさんの手先の運動を使った，機能的で有意義な活動を取り入れることで，学校で学んだスキルを維持する必要があります。もし家の状況がスキルの実行に十分な支持，構造と機会を提供しないなら，たった一週間の休みでも，子どものスキルの退行が認められると教師はあなたに言うでしょう。

筆者の信念

　筆者は，ほとんどの公立学校は，自閉症スペクトラム障害の子どもたちが有意義でためになる学習経験をするように，様々な試みが善意で行われていると信じます。ただ，筆者は「善意で行われている」ことが必ずしも効果的なアセスメントや支援ストラテジーを実施しているとは限らないと考えています。全米の公立学校がすべての子どもの教育に対して大きな責任を持っているにもかかわらず，残念ながら資金不足，人員不足，そして支援不足なのです。IDEA は全資金が供給されません。しかし，それでもなお，それは米国の特別支援教育を規

律する連邦法なのです。NCLBは長年存在する最も大きな資金のない法律です。NCLBの背景にある考え方は，私たちを教育についてよく思わせてくれる素晴らしいものですが，この政策は，学校に対してテストを受けさせるためにそのテクニックを教え，学問から学びの喜びについての大部分を吸い取っています。もし教室に自閉症スペクトラム障害の子どもがいて，その子どもが他の子どもの学びに悪影響を与えるなら，教師はその子どもが学校に在籍していることに腹立たしさを感じるかもしれません。教師の雇用が継続されるかどうかは，学年末のテストの成績に基づく可能性があることを思い出してください。成績に影響を与える要因は不確かです。それに，どのように自閉症スペクトラム障害の子どもたちに教えるべきかについて，教師はおそらくわずかあるいは全く研修を受けなかったこと，そしてあなたには潜在的な問題を解決するための手腕があるという事実も忘れないでください。

　筆者は，経験的支持がほとんどない出来合いの汎用的な支援プログラムを学校が安易に導入しやすい状態にあると信じています。こうしたプログラムは，多くの場合コンピュータソフトなので，子どもがパソコンに向かって1人で学習でき，大人の支援やチェックが最小限になるため，全体的にコストダウンとなるため一見魅力的です。

　筆者は，保護者が学校でうまくいく支援スキルやストラテジーに対して，家庭においてもそれを実施する責任があると信じています。もしそれらのスキルやストラテジーが学校でうまくいくなら，家でも使ってください。もし，あなたや学校が家でスキルを強化しなくてもあなたの子どもに持続可能なスキルを教えることが可能であると考えるなら，あなたはあなた自身だけでなく，あなたの子どももだましていることになります。もしあなたが学校に対して，毎日学校へ子どもを車で送り迎えしてくれることを期待し，そして学校で学んだことのすべてが家ですぐに般化されることを期待するなら，あなたはさぞがっかりすることでしょう。その逆も同様です。もしあなたが家で示されたスキルがただちに学校へ移行することを期待するなら，あなたはまさに失望を経験することになるのです。

　筆者は，自閉症スペクトラム障害の子どもが成功した学習者や参加

者になる唯一の方法は，保護者と学校や他の専門家がオープンで率直なコミュニケーションを図り，理にかなった期待レベルを設定しながら協働できるかにかかっていると信じます。つまりこれは，保護者が子どもに影響を与えるすべての決定事項に対して確実に関与しなくてはならないことを意味します。またこれは，どの支援がわが子には有効なのかをある程度予測できるようになるために，保護者が自己研鑽しなくてはならないことを意味します。さらに，学校は，経験的に妥当と考えられる指導を提供するために，経験を積んだ資格のあるスタッフを提供する意思を示さなければならないということです。筆者は，学校が質の高い支援を提供することをもちろん望みますが，それが，教室の中に多くの需要があるにもかかわらず，予算不足や低賃金によってうまく機能していないことを確かに感じ，懸念しています。

 取り組んでみましょう

1. あなたのお子さんの個別指導計画を見て，ニーズがきちんと反映されているかどうかをチェックしましょう。
2. 学習環境の概念を広く捉え，望ましい学習環境のあり方について話し合いましょう。

第6章

行動に制御される前に それを制御する

　かんしゃく…パニック…下品で不潔な行動…叫び声…不機嫌な感情の激発…メルトダウン…。どのように呼んでいただいても結構なのですが，メルトダウンと私たちが呼んでいる問題行動は，イライラを根源としており，自閉症スペクトラム障害やアスペルガー障害の子どもを持つほとんどの保護者にとっての懸念になっています。困難な課題や移行，「ダメ」という言葉に遭遇したとき，子どもは強く，身体的に，そして大声で抵抗するかもしれません。保護者は，この行動の爆発がある状況では制御でき，一方，それ以外の状況では厄介でなかなか落ち着かないことに気づいているかもしれません。

　問題行動は様々な要因で起こります。少し例を挙げると，コミュニケーションの困難，ストレス，疲労，そして周囲からの異なる期待などがあります。行動は，次の5つのカテゴリーに該当する場合，問題視されることがあります。①危険，②破壊的，③混乱をきたす，④嫌悪感を与える，そして⑤発達年齢上不適切である場合です（Hieneman, Childs, & Sergay, 2006）。

　おそらくメルトダウンに関して理解しておくべき最も重要なことは，保護者，教師をはじめ，誰であってもメルトダウンに対する恐れによってコントロールされてはならないということです。大人はメルトダウンを恐れてはいけません。もし子どもがメルトダウンは何かを終わらせるためのことを意味すると学習し始めたら，その子どもはメルトダウンを頻発させ，操作の1つの形式になってしまいます。私

たちは保護者に対して，もし近所のスーパーマーケットやデパートで，自閉症スペクトラム障害ではないわが子がメルトダウンを起こしたら，あなたはどうしますか，と尋ねます。ほとんどの保護者が，すぐにわが子を外へ連れ出します，とためらいもなく答えます。しかし，同じ保護者に対して，わが子が自閉症スペクトラム障害だったらどうするかと尋ねますと，メルトダウンの場面を避けるために，子どもの要求通りにおもちゃを買い与えると答えるのです。この格差は，自閉症スペクトラム障害ではない子どもには何の影響も及ぼしませんが，自閉症スペクトラム障害の子どもについては，問題行動を引き起こす結果となるかもしれません。保護者は，メルトダウンに直面したときに，何をすべきでしょうか？　大人は，子どもに対してではなく，メルトダウンに対して無視をすることがよいでしょう。そして，落ち着いて静かに（焦っていても落ち着いたふりをしましょう）その状況から子どもを引き離しましょう。決して言葉で落ち着かせようとしたり，説明しようとしたりしないでください。言葉によって一旦落ち着いた子どもを混乱させる可能性がありますし，子どもがメルトダウンの苦しみにあるとき，言葉はさらにその子どもを途方に暮れさせます。最終的に，保護者は，何がメルトダウンを引き起こし，そしてそれをどうやって機能的な行動に置き換えることができるかを究明しなければなりません。

行動への教育的介入

行動の機能分析

　行動の機能分析は，問題行動に対して4つのステップを通じて実施するための効果的な測定です。状況を観察し，その行動の機能に関する仮説を立て，指導ストラテジーを導入することで，私たちは問題行動を減らすことができます。ステップ1には，標的とする行動を決定し，その行動を観察し，測定することが含まれます。例えば，自閉症スペクトラム障害の子どもは人を叩くという問題があるかもしれ

ません。誰が叩かれ，何に対する反応として叩くという行動に結びついているのかを把握することが重要です。この段階は，なぜその行動が起こっているのかについて焦点を当てるときではありません。

ステップ2では，観察者がその行動（Behavior），前提条件（Antecedent），そしてその行動に後続する結果（Consequence）の記録をとることが求められます。一般的にこれはABC（Antecedent Behavior Consequence）アプローチと呼ばれています。結果に対する子どもの反応もまた，この分析方法の重要な部分を占めます。標的とする行動を取り扱うには，その行動の直前に何があるかについての記録をとることが重要です。これは，積極的行動支援に関して書いている次節の中でさらに詳しく述べていきます。叩いている子どもの例を使うと，観察者はいつ叩く行動が起こるか，叩く直前に何が起こったか，そして叩いた後の結果はどうなっているかを記録します。おそらく単純な前提条件，行動，結果という見出しで3行ほどの簡単なフォームを作成することが最も簡単な方法でしょう。観察者はめったに所見を述べませんし，「なぜ」という質問をしようとしません。

ステップ3は，仮説の構成を導入します。このステップでは，観察者はなぜその標的となる行動が起こるのか，その行動の機能とは何か，そしてその行動が果たす目的は何かについて仮説あるいは理論を構築します。再び，先ほどの例である叩くという行動を使って説明しますと，観察によってその子どもは自由時間や遊び時間から，着席して完遂しなければならない活動へと移行しなければならないときに必ず叩くという行動が現れることが分かりました。この観察データによると，その子どもが着席して実施する作業や活動であっても，完成させることを拒否しない場合は，こうした活動中でも叩くことはなかったことが分かりました。

最後のステップ4では,仮説に対する検証をします。この段階では,仮説の妥当性を検討するために，前提条件と結果が操作されます。先ほどの例を使いますと，子どもは移行へのニーズの結果叩くのであり，着席して行う作業や活動を完成させることへの要求が原因ではないという理論を，前提条件を操作することによって検証することができます。異なる前提条件を試すことによって，理論が正しいかどうか，そ

してこの問題行動に対処するための最善の方法は何かを明らかにすることができます。その結果，行うべき操作として，その子どもに着席するときに何を実施するかをあらかじめ示すことが挙げられました。グループが色塗りをする日には，その子どもは色を塗る絵とクレヨンが示されました。本の読み聞かせをするときには，その子どもにはその本を見せました。子どもは，次に何があり，なぜ自由時間や遊びから離れることが重要なのかをあらかじめ見ることが可能になりました。一旦自由時間の後に何があるかを示す視覚スケジュールが導入されると，その子どもは叩くことなく移行ができるようになりました。表 6-1 は，簡単な ABC チャートを示しています。

表 6-1　行動の機能的分析のための簡単な ABC チャート

前提条件 (A)	行動 (B)	結果 (C)
教師が昼食時間になったことを伝えた。	ベスは嫌だと叫び，席から動こうとせず，算数プリントをやり続けた。	昼食開始時刻が遅くなった。教師はベスに昼食の準備に参加するよう促した。ベスは，算数プリントを終えてから準備に参加した。
教師はベスに，読みのワークシートを最後までやるように指示した。	ベスはそのワークシートの紙を破った。	ベスはタイムアウトとなった。
避難訓練の非常ベルが鳴った。	ベスは耳穴を指でふさぎ，机の下に潜り込んだ。	ベスはおやつをくれるよう大人を説得した。
体育の時間になったことを伝えた。	ベスは教室から体育館へと走って出て行った。	特に何も観察されなかった。
理科の授業内容が提示された。	ベスは大声で鼻歌を歌った。	授業が終わるまで 10 分間教室の外へと退室させられた。
子どもがベスの椅子にぶつかった。	ベスはその子どもを叩いて「あっち行け」と言った。	ベスはタイムアウトとなった。

積極的行動支援（PBS）

　積極的行動支援（Positive Behavior Support: PBS）の基盤的な原理は，行動にはコミュニケーションとしての価値があるということです。これらの行動が肯定的か否定的かにかかわらず，こうした行動によって要求やニーズ，イライラ，ワクワクした気持ちを表現することが可能になります。私たちはPBSの原理を，子どもたちのスキルや適応能力を増加し，ひいては問題行動を減らすために利用することが可能です。私たちは，問題行動を同じ望ましい結果を得るためのもっと機能的で社会的に受容できる行動へと置き換えることが可能です。

　PBSは従来型の行動修正とは異なります。従来型の行動修正の焦点は，問題行動を減らすことでしたが，PBSの焦点は，有用なスキルや適応行動を増やすことです。罰によって問題行動を除去しようとして時間を費やすよりも，PBSは機能的なスキルと置き換えることによって，問題行動を減らす試みをします。適応が増加することによって，子どもは異なる状況においても対応ができるより多くのスキルを獲得し，コミュニケーションを図るために問題行動に依存しなくてはならない状況が減ります。

　従来型の行動修正は，行動様式や形態に着目をしましたが，PBSは行動の機能に着目します。どういうことかと言いますと，行動が外見上どう見えるかよりも，その行動が意味することは何か，あるいはその行動の目的は何か，の方がより重要ということです。1つの行動が多くの機能を持っており，1つの機能が多くの行動様式や形態を持つ可能性があることが示唆されています。これは，機能的等価性の原理を示しています。つまりこれは，子どもが恐れの気持ちを相手に伝えるために叩いたり，叫んだり，泣いたりする，あるいはその子どもが恐れやイライラ，空腹を訴えるために叩くかもしれないことを意味しています。ポイントとしては，行動の形式（フォーム）を見ているだけでは，その行動を減少させる手がかりにはならないということです。その行動が意味する行動や目的が何かを把握する試みをしなければなりません。これが把握できれば，その問題行動を，コミュニケーションの意図が周囲に理解されやすい何か他の行動に置き換える試み

が可能になります。これには，叩く代わりに「食べる」という手話で表現するように置き換えるといったことが挙げられます。また，学級全体に要求されている内容への応答をしなければならないときにイライラする気持ちが強まったら，休憩が必要である旨を表す絵カードを子どもが教師に手渡すことも挙げられます。さらに，その子どもが恐怖を感じたとき，「やめて」という言葉を使うことも挙げられます。

　従来型の行動修正では，結果の操作が強調されますが，PBS では，前提条件，つまりその行動の直前に何が起こっているか，に注意が向けられる必要があると認識されています。結果に着目する行動修正は，何がその問題行動の契機となっている可能性があるかといった観点が唯一足りません。自閉症スペクトラム障害やアスペルガー障害の子どもたちと暮らしたり，支援したりする人たちは，タイムアウトの使用は，問題行動にほとんど効果を与えないと言います。事実，タイムアウトは一部の自閉症スペクトラム障害やアスペルガー障害の子どもたちにとってはむしろ肯定的な経験となっているように見えます。やるべき作業や学習を完成させないようにするために，紙を破ってしまう子どものことを考えてみましょう。この子どもをタイムアウトのために教室から出し，タイムアウト用のスペースに入れたら，まず間違いなく教室で紙を破る行動を促進させることになるでしょう。これは，子どもにとっては「もし要求が課される活動や作業，それからそれをする教室から逃れたいのなら，紙を破りなさい」と言われているようなものです。

　行動の機能分析は PBS の重要な要素です。機能分析によって，教師や保護者が行動についての理論を構築し，検証するための評価をし，そして介入をすることが可能になります。機能分析のステップについては前節で述べました。分析が完了すると，PBS は我々が変更から介入を開始することを決定します。私たちは，まずその人を変えようとは試みません。それよりも，私たちは環境を観察し，他の人たちの権利を奪わずに，あるいは保護者や教師を過度に責めずに問題行動を軽減させることのできる調整があるかどうかを究明します（Marshall & Mirenda, 2002）。

　例えば，フランクという子どもが保育所にいました。フランクは，

「特にはっきりとした理由もなく」叫んだり，蹴ったり，叩いたりしました。機能分析によって，フランクは教室のドアが開くたびにそうした行動を示すことが分かりました。その教室には2つのドアがあり，1つはトイレのある廊下へとつながっており，もう1つはその保育所のメインとなる廊下へとつながっていました。そのメインとなる廊下へとつながるドアは，可愛い幼児を見るために，保育所の教室を頻繁に訪れる教職員によって普段からほとんど開放されていました。トイレにつながる方のドアは，通常は，トイレを利用するために（たまにそれ以外の理由でも）使用されました。トイレに向かうドアは，トイレを利用するときにしか利用してはならない，そして，メインの廊下へとつながるドアは，必要なときにしか使ってはならないというルールが決められました。トイレに向かうためのドアの使用を制限することで，そのドアが開け閉めされるタイミングが予測しやすくなりました。フランクは，そのドアに気をかける必要はありませんでした。メインのドアへとつながる廊下の使用が限定されると，フランクはそれでも反応をしましたが，そのドアが開閉されることが極端に減りましたので，彼は感情を爆発させることが減りました。さらに，教師やスタッフは，フランクの行動がドアに関連しており，彼の行動を正確に予測できることが分かるようになりました。ここであなたは気づくでしょう。まず，なぜフランクはドアが開くことに対してそこまで否定的な反応を示したかを理解しようとする時間は初めに作っていませんでしたし，フランクが行った異なる種類の問題行動について注意を向けられませんでした。しかし，なぜフランクはドアが開くことにそこまで否定的な反応を示したのでしょうか。私たちはドアが開くことが，変化や移行が間もなく起こる，誰かが入ってくるあるいは出ていく，その結果，状況の動態が変化することを示すシグナルになっているため，不安な気持ちを引き起こす特定の根源となっていることを，これまで関わってきた高機能自閉症の人々から学んできました。

　もし，環境を変えようという試みが望ましい行動の変化を生じさせないなら，カリキュラムの変更が次のステップです。成功を促進する授業を適応させることは，問題行動を減少させるかもしれません。自閉症スペクトラム障害の男児，ヘンリーは，幼稚園の教室で完全に受

け入れられていましたが，自分の名前を書くためにうまく文字を書くことがまだできませんでした。彼のIEPにおける短期目標の1つは，自分の名前の文字を理解し，書くことができる，でした。紙と鉛筆で名前を書かせることに焦点を当てるよりも，彼のニーズに合わせてカリキュラムが適宜変更されました。彼は大文字の方が好きでしたので，文字の羅列はすべて大文字で書いてもよいことにしました。紙の空欄の行の代わりにマジックテープが貼られたものが用意されました。これによって，ヘンリーは彼の名前を実際に書く代わりに，裏にマジックテープが貼られた彼の名前の文字カードをマジックテープ上の列に並べることによって自分の名前を「書く」ことができました。この方法で，彼は他の目標としている単語を「書く」ことが許可されました。彼にとって，この変更への応答性は良好で，見本なしに彼の名前と文字カードの照合を行い，それからそれらの文字カードを正しい順にマジックテープ上に置くことができるようになりました。

　最後に，もし環境やカリキュラムに対する変化が望ましい行動の変化を引き起こさなかった場合，その対象児や対象者のスキルや適応能力を伸ばすことで，その人の生活しやすさを変えようとします。筆者は，これをその人のコミュニケーションスキルを上達させることで行います。例えば，音声言語とジェスチャーによるコミュニケーションの両者を上達させようとしたり，必要に応じて拡大・代替コミュニケーション装置を利用しようとしたりします。もし，機能的コミュニケーションスキルに焦点を当てるなら，筆者は異常な行動へ最も大きな影響を及ぼす可能性のある立場にあります。もし，子どもが会話，または少なくとも理解可能なコミュニケーション手段を持っていなければ，その子どもは利用可能なものを使うでしょう。それは，叩いたり，叫んだり，物を投げたりすることかもしれません。効果的なコミュニケーションを提供することで，筆者は自閉症スペクトラム障害の子どもが自身の世界で経験する困難をうまく操ることができるよう学習するための支援をします。

　事例報告によると，いくつかの学校では，子どもたちに注意力を身につけさせるために，PBSを導入していることに留意しておくことが重要です。伝えられるところでは，これまで様々な研究で収集され

たデータから判明していることとして，問題行動は繰り返し引き起こされていることから，それは慢性的と考えられ，なおかつ修正が必要であるとのことです。自閉症スペクトラム障害の子どもたちは，問題行動を繰り返した結果，何かが起こるとすぐに極度に混乱するようになり，我慢の限界に達して自傷行為や他傷行為を試みるようになります。筆者の長年の経験によると，筆者は決して繰り返し問題行動を引き起こそうとしたことはありません。筆者の直感が，予想される問題行動の引き金に注意するように教えてくれると，その場を離れ，落ち着くのを待ち，そしてもし可能なら，その行動を再度引き起こさせるように試みるかもしれません。何をすべきではないかと言うと，子どもが押さえつけられなければならない程度になるまでの問題行動を起こさせる引き金を繰り返し引くことです。

　時に，非常識な行動の低減を目指すことは重要です。このような場合，望ましくない行動に続いて罰あるいは強化の取り消しのいずれかが実施されなければなりません。子どもが目標とする肯定的な行動を示すことが定着すれば，望ましくない行動を根絶するためにプログラムを実施することが可能です。行動低減の指導は，アスペルガー障害の人との権力争いを引き起こす結果にもなるため，注意が必要です。アスペルガー障害の子どもたちは，とにかく権力争いに加わる傾向があり，罰を与えること，あるいは特権や名誉の喪失によって，こうした争いを激化させる原因にもなり得ます。行動低減ストラテジーは，積極的行動支援が成功しないことが明らかになった後にのみ導入しましょう。さらに，これらの行動低減ストラテジーは，その望ましくない行動が，誰かに危害を与えるあるいは誰かを危険にさらす可能性があるときに有用性があります。もしこのようなストラテジーが使用されるなら，その導入のための明確な計画が作成され，その対象者と関わりのある者全員による共通理解が図られた上で，厳密に実行されなければなりません。

　問題行動を消去するあるいは少なくとも減らすための結果を選択するとき，次のポイントを考慮することが重要です。時にあえて子どもが望まない結果を選択しましょう。それが頭を悩ます必要のない結果に見えるかもしれませんが，ある子どもにとってはその結果に対する

嫌悪感が他のものよりも大きく，その結果としてそれがより大きな力を持つことがあります。結果は，怒りの感情なしに与えられる必要があることを常に頭の隅に入れておきましょう。決して怒りの感情をぶつけながら罰を与えてはいけません。そうすることによって，結果的に問題行動に対する罰を与えたことにはならずに，その子どもの感情面を攻撃することになります。すべての結果は，行動に付随して与えられなければなりません。結果を与えるタイミングが遅れると，その結果の力を失います。事実，もし行動と結果の間で時間が経過し過ぎると，この行動と結果の二者が関連づいていることにも気づかないかもしれません。最後に，その罰が違反行為や罪状に見合ったものであることを確認しましょう。つまり，結果は違反行為や違法行為に対する適切な応答である必要があります（Kaufman & Lord Larson, 2005）。アスペルガー障害で6年生のデビッドは，トイレの壁に落書きをしたことで指導を受けることになりました。結果は，配管に汚物が詰まった他のトイレの便器の汚物を取り除き，清掃をすることでした。この結果は，彼の行為とは関係があるようには見えません。この場合，落書きを洗い落とす，あるいは落ちない場合はタッチアップペンやペンキで壁をきれいに塗るなどの，より理にかなった結果を与えるべきであっただろうと思われます。

行動契約

　行動上の懸念に対処するために有効であることが分かっているストラテジーの1つに，行動契約があります。行動契約は，新たなスキルや行動を教えるためにも使用できますし，問題行動を消去するためにも使用できます。さらに，行動契約は，現在持っている機能的スキルを維持するためにも使用可能です。行動契約を作成するには，保護者，教師，親戚，自閉症スペクトラム障害／アスペルガー障害の本人の参加が必要で，関係するそれぞれの立場での役割と責任について，すべてについて合意を得た上で役割を果たします。行動契約は，期待される行動と結果をはっきりと描く必要があります（Downing, 1990; Myles & Simpson, 2003）。

アスペルガー障害の中学生ジェロッドは，ソーシャルスキルグループに入りました。彼はそのグループから卒業したがっていたのですが，それでもなお学校でいくつかの問題行動がありました。担任教師と母親，ソーシャルスキルグループの臨床家，そしてジェロッドは全員で話し合い，目標を達成すれば，このグループから卒業してもよいとする行動契約の計画書を作成しました。リスト上の項目には，担任教師が言い間違えたり，その教師の意見に賛成できなかったりするときに，その教師に対してざわめき声を出さない（大きな声で騒がない），そして担任教師が出す宿題や課題について文句を言わないことが含まれました。

十代：孤高の戦士

　自閉症スペクトラム障害の子どもが十代になると，行動の領域に，今までと全く異なった課題が生じます。自閉症スペクトラム障害であることから来る懸念に加えて，保護者は第二次性徴にも対処しなければならなくなります。第二次性徴の出現は，怒りが，それでなくても混乱した本人に加わることで，行動に劇的な影響を及ぼします。確かに，怒りは典型的な人間の感情ですが，自閉症スペクトラム障害の子どもにそれが現れることは，すでに緊張感がみなぎる状況にさらに圧力を加えることになります。Kellner（2003）は，怒りの問題に取り組む際の，いくつかの指針を述べています。それらは，

1. 保護者は手本です：もし保護者が怒りを表せば，子どもからも同じ反応が返ってきます。

2. 全く同じ人間はこの世にはいません：たとえ親子の血のつながりがあっても，1人に影響するものが，他の人にも同様に影響するとは限りません。

3. 青年期は，児童期と成人期の間の袋小路です：このどっちつか

ずの時期は，どの子どもにとってもそうですが，特に自閉症スペクトラム障害の子どもにとってはつらいものです。子どもが，変わりつつある自らの性的役割についての感覚をつかもうともがくとき，消失していた問題行動が再び現れることがあります。さらに，多くの高機能自閉症とアスペルガー障害の子どもは，児童期にもかかわらず，自分を大人の仲間と見なす傾向があります。このことが，「十代」への移行をより複雑なものにするのです。

4. 怒りは，その使い方を学べば，役に立ってくれます：怒りを適切な方法で表現することができるようになれば，自分のニーズを満たすことができます。怒りは本物の感情なので，怒ることは許されるのです。建設的なやり方を使うことで，自らが望む結果を得ることができるのです。

5. 保護者は，それぞれの養育スタイルを持っています：興奮したときには，対等な立場で話し合うことを好む保護者もいれば，十代の子どもからの批判や否定をあるまじきものと考える保護者もいます。しかしながら，効果的に怒りに対処するためには，彼らと対話することが重要です。沈黙することは，こうした場面では適切ではありません。穏やかに気持ちを共有しようとすることが適切な対処方法です。

筆者の信念

　筆者は，自閉症スペクトラム障害の子どもたちは，最も育てにくい子どもたちのうちの1つだと思っています。行動上の問題が，子育てをかつて経験したことがないほど難しいものにするのです。しかし，自閉症スペクトラム障害であることは，問題行動を説明するものではありますが，それを引き起こすものではありません。そう，彼は自閉症スペクトラム障害だから金切り声を出すのではなく，何らかの理由

があって，そうするのです。その理由が分からなければ，血が出たところに絆創膏をペタンと貼るような表面的なことしかできずに，次のような結果になるでしょう。その行動がなぜ起きるのか，その行動の意味は何なのかが理解できないと，1つの問題行動を根絶やしにしたとしても，それが別の問題行動に置き換わるだけのことになるのです。ある行動のメッセージが何かが分かれば，その不適切な行動を，子どものニーズに合った，より周囲から受け入れられる行動に置き換えることができます。もはや，お手上げだと諦めて，「この子は自閉症スペクトラム障害だ。だから泣き叫ぶんだ」と嘆いているだけでは済まないのです。筆者は，その子どもには他の表現方法がないから，金切り声を上げるのだと考えています。彼は欲求や要求を必死で伝えようとしているのですが，その適切な手段を持っていないのです。

あなたが，自閉症スペクトラム障害のわが子を，できるだけ一貫した方法で育てていくならば，子どもの成長につれて，そうしたやり方の恩恵を得ることができるでしょう。分かりやすく明快な言葉かけを続けていけば，子どもが，将来うまく生きていくために必要な，自己調整のスキルを身につけていくことを実感できるでしょう。自閉症スペクトラム障害の子どもたちは，問題行動に代わる行動と，世の中をうまく渡っていく方法を学ぶ必要があります。子どもに，その代わりにやるべき行動を伝えずに，何かをやめるように言うだけでは不十分なのです。

一方で，わが子が泣き叫ぶことが心配だったり，穏やかでありつつ断固とした態度を取り続けることができない場合には，問題行動が続いたり，悪化していくことさえあるでしょう。そうです，あなたが部屋から出るときに，泣き叫んでいる子どもを置いていかなければならないかもしれないのです。時には，混乱している子どもをわざと放っておくことも必要でしょう。子どもの泣くままに任せておいたとしても，それがずっと続くことはなく，取り返しがつかないほどの悪影響が残ることもありません。泣いたり金切り声を上げたりすることが，唯一の代わりの行動であることもありますが，それを最後の手段にするべきではありません。それが起きそうなときには，店を出ましょう。カートを置いて，店員に事情を話して，店から立ち去るのです。食料

第6章 行動に制御される前にそれを制御する

品などは，また誰かが買ってくれるでしょう。あなたは，メルトダウンが起こることを明確に予想するという，子どもにとってより大事な役割を果たしましょう。あなたは，あなた自身の役割を果たすのです。

　メルトダウンが起きたときに，人々があなたをじろじろ見るようなら，自閉症スペクトラム障害について知っているか，彼らに尋ねてみましょう。可能であれば，理解を共有して，それから問題に対処しましょう。「エンパワメント（自信や力を与えること）」という言葉は，前世紀にやや陳腐なものになりましたが，うまくやっている保護者は，自閉症スペクトラム障害というラベルに脅かされないことによって力を与えられているのです。他の人たちと情報を共有することで，あなたはわが子が，最も困難な障害の1つに影響を受けてきていることを理解できるのです。しかしながら，あなたが問題行動に直接，真っ正面から取り組むならば，あなたやあなたの子ども，そして家族は，将来の学習のための基礎を築くことになるでしょう。

　家族心理学者のJohn Rosemond博士は，最近のコラムで，「わが子の願いを聞いてあげなさい。しかし，決してメルトダウンを許してはいけません」と言っています（Rosemond, 2008）。彼は，卓越した雄弁さと率直さで，幼児期のメルトダウンを「病的なもの」と見なし，この「病理」に向精神薬を用いるという傾向は，憂慮すべきであると述べています。これは，多くの人が従う疾病モデルです。Rosemond博士は，より現実的な考え方として，3歳以降のメルトダウンは，子どもよりも保護者に原因があることを示唆しています。彼は，1960年代から70年代にかけて子育ての方法に変化が生じる以前には，3歳以後のメルトダウンは，文献の中でほとんど論じられていないことを記しています。Rosemond博士は，私たちは，子どもたちのメルトダウンを認めることで，彼らを独裁者にしてしまったことを暗示しているのです。率直に言えば，この指摘は見事に的を射ているように思われます。そして，このことは，自閉症スペクトラム障害の子どもにも容易に当てはまるのです。あなたがメルトダウンに屈したら，再びそのような場面が生じたとき，またメルトダウンが起きると考えてください。子どもたちの行動を強化する際には，どのように振る舞うのかを子どもに教えましょう。子どもが近くのディスカウントショップ

でおもちゃをせがみ，あなたは何度も拒否したものの，最後には根負けしたとします。次にその店に行って，車から降りようとする前に，子どものおねだりが始まったとしても，どうか子どもに腹を立てないようにしてください。

取り組んでみましょう

1. この章で紹介したそれぞれの臨床アプローチの長所と短所は何ですか？　それぞれについて列挙してみましょう。
2. 自閉症スペクトラム障害の人のための包括的指導アプローチのあり方について，できるだけたくさんアイデアを出してください。
3. 自閉症スペクトラム障害の子どもが陥る可能性のある問題を解決するためのソーシャルストーリーを作ってください。
4. ソーシャルスキルのグループ指導に適した活動についてできるだけたくさんアイデアを出してください。
5. 自閉症スペクトラム障害あるいはアスペルガー障害の子どもを1人観察し，ABCチャートを完成させてください。
6. アスペルガー障害の子どものための行動契約の計画書を書いてください。

第7章

アスペルガー障害の子どもの特性

アスペルガー障害

　アスペルガー障害の子どもたちは魅惑的な人たちです。彼らは，平均的な認知スキルを示す一方で，しばしば大きな学習上の困難を抱えています。学習上の困難は，その子どもの学習障害や個人的特質の結果です（Myles & Simpson, 2003）。アスペルガー障害の子どもたちは，言語の形式（統語論・音韻論）や言語の内容（意味論）には早期の障害を示しません。しかしながら，言語の使用（語用論）には困難があるため，社会性の発達を妨げます。Wing（1998; Attwood（1998）より引用）は，アスペルガー障害の人たちは，「世界が彼らにとって意味を持っており，称賛に値する面もあることを知っています。しかし，それはしばしば彼らに決まったやり方で考えたり，感じたり，行動したりすることとの葛藤をもたらします。彼らのスキルを建設的に用いるために，彼らはありのままの世界に適応する方法を見つけるのに助けを必要としているのです」（p.9）。

　Donna Williams は自閉症スペクトラム障害の診断を受けていますが，彼女は高機能自閉症であると記されており，アスペルガー障害の人たちと共通する面を多く持っています。彼女は，自分が直面した困難をリストにしていますが，それらはアスペルガー障害の人たちにも関連するものです。彼女は，(a) 自分の体と感情へのつながり，(b)

対等と感じる友情，(c) いつやめるべきか，誰に見切りをつけるかの理解，(d) 保証なしに世界を受け入れること，(e) 未来についての知識，を欠いていると記しています（Williams, 1994）。

アスペルガー障害の原因は不明なので，ここでは論じません。しかしながら，男児は女児よりも影響を受けやすいことから，何らかの遺伝的要因の関与が推定されます。アスペルガー障害は家族性の傾向があり，しばしばどちらかの親（ほとんどの場合，父親）がアスペルガー障害か，その傾向を示しています。さらに，家系の中に自閉症スペクトラム障害が発症することもあります。家系の中に，うつ病，双極性障害，読み書き障害，失行などのいくつかの障害も見られることがあります（Myles & Simpson, 2003）。アスペルガー障害と自閉症スペクトラム障害を区別するものは，しばしば変わった話題に対する狭い興味です。自閉症スペクトラム障害の子どもたちは，物や物の一部への強い執着を示す傾向があります。

認知能力

アスペルガー障害の子どもたちの認知能力は，定義によると，平均かそれ以上です。しかしながら，言語能力を重点的に評価するツールで，アスペルガー障害の子どものIQを測ると，認知スキルが過小評価される可能性があります。言語能力に依存しない知能検査が，学習能力や認知能力の評価に十分に用いられることが重要です。ライター国際動作性知能検査 改訂版（Leiter International Performance Scale-Revised: LIPS-R）(Roid & Miller, 2002)，ユニバーサル非言語性知能検査（Universal Nonverbal Intelligence Test: UNIT）(Bracken & McCallum, 2002) などの，いくつかの検査ツールが，このタイプの評価に利用できます。また，簡便なスクリーニング検査として，非言語性知能検査 第3版（Test of Nonverbal Intelligence, Third Edition: TONI-3）(Brown, Sherbenou, & Johnsen, 2000) を用いることができます。

アスペルガー障害の子どもたちは，相対的に強い記憶スキルを示す

第7章 アスペルガー障害の子どもの特性

傾向があります。彼らは優れた視覚記憶（しばしば写真のような）を持っていますが，映画のセリフすべてを，そのまま思い出すような，素晴らしい聴覚記憶スキルを示す子どももいます。ある青年，チャンドラーは，読んだり見たりしたものは，ほとんど全部思い出すことができるが，会話でのやりとりは想起できないと述べています。彼は会話の間，後でその内容を思い出すために，膨大なメモを取る必要があります。最初に筆者と会ったときには，チャンドラーは，変わっていると思われたくなかったので，メモをとりませんでした。ミーティングの後，彼は帰宅すると，ミーティングの開始時から退出時までに話し合われたことを，たとえ全部理解したと筆者に確約したときでも，ミーティングで出された事項を思い出すための質問や，フォローアップの日時，追加の評価などに関する今後の予定を確認するためのメールを筆者に送ってきたものです。自分の希望を伝えても安全だと分かると，チャンドラーはすべてのミーティングでメモをとり始めました。しかしながら，彼は書くことに苦労しているようで，遅く，文字はしばしば判読不能でした。研究プロジェクトの一環として，ポケットPCと折りたたみ式キーボードが彼に提供されました。彼は，素晴らしいスピードと正確さで，メモをすべてタイプしました。キーボードの位置を思い浮かべることができるので，彼は優れたタイピングのスキルを持っており，1分間におよそ90語を誤りなく打つことができます。

　アスペルガー障害の子どもにとって，認知的な柔軟性は，しばしば課題となります。融通のきかない思考，絶対的規則に基づく思考の傾向があり，それは失敗や変化に対処する際の困難を生じさせます。アスペルガー障害の子どもにとって，失敗は勝利の反対の意味しか持ちません。精いっぱいやったけれども成功しなかったという概念はないかもしれません。幸運という概念の理解がないかもしれません。そのため，アスペルガー障害の人たちはしばしば，ゲームで潔い敗者にはなれません。その結果，負けによるメルトダウンは，その子どもの友人をますます遠ざけてしまうでしょう。融通のきかない思考は，人の行動の結果から学ぶということにも強い影響を与えます。アスペルガー障害の子どもは，問題解決のための自分の方略が失敗したことを

理解できないかもしれません。彼は，教師や保護者，友達が直接教えたり，手がかりを与えたりしなければ，別の方略を決めるための援助を求めることはないでしょう。間違うということは，アスペルガー障害の子どもにとって，特に難しいことなのかもしれません。実際に，その子どもが何かを間違ったとしても，彼はそのことを理解せず，彼の考えを変えようとする試みのほとんどは，無益な口論や取っ組み合いになってしまうでしょう。言い換えれば，意見の不一致を認め，先に進みましょう。同様に，学級の中で他の子どもがやっているのと同じようにスキルを実行するという概念は，アスペルガー障害の人にとって，しばしばイライラを引き起こします。一度課題が正しくできれば，アスペルガー障害の人は，その課題を繰り返す理由が全く分からないのです。一度済んだことは，済んだことなのです。

　さらに，アスペルガー障害の子どもたちのニーズを考えるときには，学習スタイルと実行機能を考慮することが重要です。学習スタイルの評価は，アスペルガー障害の子どもたちのための，よりよい指導を提案することを可能にします。どのようにして，どこで，いつ子どもが学ぶかを知ることは，指導の際に必要です（Kaufman & Lord Larson, 2005）。アスペルガー障害の子どもたちは，しばしば1人で学び，彼らが選んだ課題に集中します。公立の学校では，グループワークやカリキュラムで決められた課題が広く使われているので，このことは，通常の学級での活動への参加を困難にします。

　実行機能は，アスペルガー障害の子どもにとって，しばしば難しさを生じさせます。この実行機能には，プランニング，組織化，実行，優先順位の決定，課題の達成，同時に複数の作業を上手にこなすことなどが含まれます。学級での課題の大部分は，こうした実行機能を多く必要とするものです。そのため，アスペルガー障害の子どもたちの実行機能のアセスメントと，それが教科学習に及ぼす影響を理解することが，学級でうまくいくために重要です。もしあなたが，組織化に関する実行機能が何なのか確信が持てないならば，アスペルガー障害の子どもの机の中を見てください。しばしば，前の週に配られたプリントを見つけることでしょう。授業中，勉強するために，1本も持っていないと言っていた鉛筆が15本出てくるかもしれません。アスペ

ルガー障害の子どものランドセルの中も，ひどく乱雑で，なくした物が見つかったり，なくした課題が出てきたりするかもしれません。

　アスペルガー障害の子どもたちが，心の理論に関して，一般的な自閉症スペクトラム障害の場合と同様の問題を持っているかどうかについては，議論の分かれるところです。心の理論の障害を示すという研究もあれば，示さないというものもあります。Watters（2005）は，抽出されたアスペルガー障害の子どもたちの37％が，二次的誤信念課題を通過できないことを見出しました。このタイプの課題は，ある登場人物がある出来事について知っているということを，他の登場人物が考えていることを，子どもが推測して正確に述べることを要求します。この違いは，言語や記憶の弱さで説明できませんでした。心の理論が，学習や思考，コミュニケーションスキルに影響を与えることを考慮するならば，効果的な教育・指導の方略を開発するために，この領域のさらなる研究が必要でしょう。

言語能力

　アスペルガー障害の子どもたちは，DSM-IV（2000）では，幼児期の言語発達に遅れがないと記載されています。アスペルガー障害の子どもたちは，優れた語彙力で，完璧に構文的にも正確に話しますが，早期の言語使用の語用論的な側面では困難を示すことを覚えておくことが重要です。アスペルガー障害の子どもたちの言語スキルに関して，よくある誤解は，彼らは言語面の困難を有していないというものです。しかしながら，診断基準では，「言語の全般的な遅れ」はないと述べられているだけです。そのため，特に子どもが成長するにつれて，アスペルガー障害の子どもが言語障害と判定される可能性があります。アスペルガー障害の子どもに見られる言語障害は，抽象概念や比喩的表現（隠喩，慣用語，ユーモア，皮肉）の理解の問題を含んでいます。

　非言語コミュニケーションの理解や使用の問題もまた，アスペルガー障害の子どもに見られます。例えば，アスペルガー障害の子どもは，近くに立ち過ぎたり，大声で話し過ぎたりします。他人をじっと

見つめたり，逆にほとんど視線を合わせないかもしれません。アスペルガー障害の子どもは，しばしば無関心や退屈と見間違えられる，平坦な情動を示すこともあります。この情動面の違いが，学級担任から協調性や熱意に欠けていると誤解されることもあります。重要なことは，これらの行動すべてが，アスペルガー障害の子どもたちが友人から孤立する働きをする可能性があるということです。

　言語や語用論的能力を効果的に用いることの困難さは，通常早期から現れます。こうした困難さは，彼らの関心事を子どもが他人に対して講釈を垂れるという形で現れるかもしれません。アスペルガー障害の子どもたちは，見知らぬ人に近寄って，天気，星座，興味のある歴史上の人物などについての説明を始めたりします。風変わりな関心事に加えて，アスペルガー障害の子どもたちは，論文を口述する前に自己紹介をすることはないでしょう。これらの語用論的に奇妙な言動はすべて，その子どもに対してほとんどの場合，否定的な注意を引きつけ，彼らの社会的な孤立をさらに強めるかもしれません。アスペルガー障害の子どもたちは，会話の破綻を修復したり，話題を変えたり，一見無関係な事柄を会話にはさむといった，会話のスキルに困難があります。アスペルガー障害の人は，考えたり，応答をまとめようとしたりしながら会話しているのですが，会話中に長い空白が生じることがあります。私たちのほとんどは，考え中ですという旨のコメントを出すことで，まだ会話中だということを相手に知らせます。これは，アスペルガー障害の人が通常用いるやり方ではありません。アスペルガー障害の子どもたちの中には，ある質問に対して，「知らない」などの決まった答えをする子どももいれば，何も答えない人もいます。どう会話を続けていいか分からないコミュニケーション相手に対しては，人は離れていきます。

　アスペルガー障害の人はまた，しばしば「小さな教授」として知られています。これは，様々な事柄に関する幅広い知識に加えて，学者ぶった物言いをすることに関係しています。学者ぶった物言いとは，世間話のときでさえも，アスペルガー障害の人が，過剰に形式ばった話し方をすることを指しています。例えば，眉をひそめることは，普段の会話では受け入れられています。アスペルガー障害の子どもたち

の中には，眉をひそめずに，仲間よりもより形式ばった話し方をする子どももいます。アスペルガー障害の22歳の青年，チャンドラーは，多少形式ばった話し方をしますが，彼の電子メールのメッセージは，非常に形式的で冗長です。眉をひそめることは稀で，俗語は使いません。彼は数段落くらいの長さのメッセージを話します。これは，19歳のアスペルガー障害の女性である，レニーにも見られます。

チャンドラーとレニーはまた，言葉の流暢性にも問題を持っています。2人は，多くの不完全な発声，高頻度の修正やフィラー（あのー，えー）の挿入と同様に，単語の一部や全体を繰り返す傾向があります。2人とも，人との会話に関する不安が強いと述べており，この不安が彼らの発話の非流暢性を増加させていると言っています。チャンドラーは言語評価を受けたところ，会話では軽度の非流暢性があるが，読みではそれは見られないことが分かりました。彼は電話を使うことに大きな不安があり，最初のうちは電話番号を教えることを断って，すべてのコミュニケーションを電子メールで行うよう要求していたと報告しています。レニーは非常に速く話すために，このことが彼女の言語的な流暢性の欠如に影響しているようでした。

Donna Williamsは，そのことを最も巧みに述べています。彼女は，次のように書いています（Williams, 1994）。

> 私は100歳の人のように（可能な限りの）言葉を知っていますが，ひどい訓練を受けた幼児のような社会的コミュニケーションのスキルしか持っていません。私は多くの話題について語ることができますが，社会性や社交性と言葉が一緒になると，それらは私の機能レベルを引きずり下ろしてしまうのです。(p.123)

社会的能力

アスペルガー障害の子どもたちは，社会的に引きこもりがちだったり，逆に外交的だったりします。もしアスペルガー障害の子どもたち全員が孤独で孤立していると考えるならば，この変動性は混乱をもた

らします。しかしながら，外交的な子どもたちにもしばしば，社会的な障害があることに注意する必要があります。彼らは，社会的にぎこちなく，不器用で，柔軟性に欠け，自己中心的で，非言語的手がかりを読み取ることができないと記されています（Myles & Simpson, 2003）。社会的なルールやエチケットについての意識を欠いているので，アスペルガー障害の子どもたちは，社会的相互作用を積極的に望んでいるとしても，社会的に孤立したままなのです。さらに，アスペルガー障害の子どもたちは，結果の予測ができないことから生じる不適切な行動をするかもしれません。あるアスペルガー障害の子どもは，攻撃的な暴言を吐くように見えるかもしれませんが，この行動は他人への攻撃性と言うよりは，より自己防衛的なものです。効果的に結果を予測したり，学習したことをある文脈から別の文脈に般化したりできないときや，現実の世界からストレスを受けたり圧倒されるときには，自己防衛や引きこもりといった行動の出現が予測されます。

　議論され理解されなければならない，アスペルガー障害の子どもたちが経験する社会的困難の1つの側面は，権威に対する彼らの反応です。筆者の経験では，これまで関わってきたアスペルガー障害の子どもたちのほとんどは，大人を仲間として見る傾向があります。彼らは，他の人々がするように，年齢や立場で相手を区別しているようには見えません。彼らの定型発達の友人ならば，そうしない場合でも，彼らは，大人との討論や議論に参加するでしょう。大人に挑まれると，アスペルガー障害の子どもたちは大変厳しい場面に直面し，その対立への反応として，より強情で融通がきかなくなるかもしれません。その大人に対する彼らの行動は，急速に怒りの頂点に達し，場合によっては荒っぽいものになることもあります。これは，その子どもが大人を物理的に攻撃することを意味するのではなく，物を投げたり壊したりすることを指しています。アスペルガー障害の子どもたちが，次子よりも攻撃的であるという証拠はありません。しかしながら，アスペルガー障害の子どもたちが攻撃的であるという報告は，比較的よく見られます。これは，その場面が要求するものが，アスペルガー障害の子どもの社会的能力やコミュニケーション能力を超える場合に起きるように思われます。欲求不満に対する限られた耐性と組み合わさった，

社会性やコミュニケーションの障害が，常軌を逸した物理的反応を招くことがあるのです。

　アスペルガー障害の子どもたちが成長するにつれ，彼らは大人を力比べに引き込むスキルを身につけることもあります。私たちは大人として，正しいと信じるときには，話を聞かせ，認めさせることを好みます。このことは，アスペルガー障害の子どもや青少年についてもそうです。私たち大人は，力比べに進んで参加しないようにしなければなりませんし，進んで話を聞かせようとしてはいけません。アスペルガー障害の人たちは，執拗に議論したり討論したりします。些細な討論から始まった話が，容易に深刻で非生産的な対立へと発展することがあります。最後に，罰を与えるような対応は，アスペルガー障害の子どもたちには一般的にうまくいきません。問題を避けることができるようなスキルや能力を育てることに焦点を当てるべきです。

感覚・運動スキル

　アスペルガー障害の子どもたちは，その他の自閉症スペクトラム障害の子どもたちと同様に，感覚面の問題を示すことがあります。アスペルガー障害の人たちの，触覚，騒音，その他の感覚刺激に対する困難さが報告されてきています。彼らが感覚刺激に対して，どのような反応をするのかは明らかではありません。自閉症スペクトラム障害やアスペルガー障害と関連した多くの問題のように，その反応は一人ひとり異なっているように見えます。

　エピソードからは，アスペルガー障害の子どもたちが，粗大運動や微細運動の課題を持っていることがうかがわれます。しかしながら，それらは全員に見られるわけではなく，運動障害の性質は子どもによって大きく異なっています。Wing（1981）は，不器用さの可能性について述べており，そのことは，いくつかの研究によって確認されてきました（Smith, 2000; Smith & Bryson, 1994）。Manjiviona & Prior（1995）は，アスペルガー障害の子どもたちは，数か月遅れて歩き始めると報告しています。アスペルガー障害の子どもが影響を受

ける可能性のあるスキルは，歩くことや走ること（奇妙な歩き方がしばしば報告されます），ボールを投げたり受け止めたりすること（目と手の協応の問題を示します），バランスをとることなどです。社会的・社交的な性質を持つ遊びでは，アスペルガー障害の子どもたちの身体能力の限界が，仲間からの孤立をさらに深めることがあります。社会的スキルやコミュニケーションスキルが頻繁に洗練され，確かに実践されるのは，ゲーム遊びの中なのです。アスペルガー障害の子どもが，運動課題をうまく行うことができないならば，彼が社会的コミュニケーションが求められる遊びから何かを得る機会はほとんどなくなるのです。

　一般的に，アスペルガー障害の子どもたちは，不器用でぎこちないとよく記述されています。彼らはしばしば，運動能力が限られており，スポーツで成功するための粗大運動の協調性を欠いています。もしそうであるならば，子どもが成功できるレベルでの参加を認めることに，努力を注ぐべきです。アスペルガー障害の子どもたちは，優秀な機材管理者や得点記録係になることができます。こうすることで，集団スポーツがもたらす潜在的な困惑を感じることのない参加を可能にします。しかしながら，保護者は，彼らの子どもが可能な限り早くから，様々なスポーツ活動に参加することを勧められます。このことを裏付けた研究はありませんが，より早期からスポーツ活動に参加した子どもたちは，成長するにつれて，多少なりとも良好な運動スキルを身につけているように思われます。

　微細運動スキルについては，アスペルガー障害の子どもたちは，ボタンをとめたりネクタイを締めたりすることなどの身辺自立スキルと，特に教室での筆記，描画，はさみの使用などの双方で，明らかな困難を示すことがあります。多くのアスペルガー障害の子どもたちは，罫線紙に大きく不格好な字を書きます。彼らは，よくあるような罫線紙に合わせて，小さく字を書くことに大きな困難があります。極度に正確な文字を書くアスペルガー障害の子どももいますが，大きな認知的・運動的な負担を払っています。こうした子どもたちはしばしば，筆記に関して高度の完全主義を持っており，それぞれの字をいつも正確に同じ形に書くことに努力を費やすでしょう。これは，紙に多くの

消し跡が残る可能性があります。もし繰り返して消すことで紙が傷んだり，破れたりすれば，メルトダウンが起こるでしょう。

　アスペルガー障害の子どもが運動の問題に支払う認知的，身体的，感情的な対価は，その課題のコストを超えるべきではありません。例えば，筆者が関わったあるアスペルガー障害の子どもは，rの字を書くとき，風変わりな字体で書いていました。彼は，いかなる種類の圧力（時間制限）の下でも，これらの字を正確に書くことができませんでした。その結果，綴りの試験があったとき，彼は大きな困難に直面しました。彼は，その試験でも，風変わりな字体のままで単語を正しく書き，悪い点数をとってしまったのです。彼は，他のやり方で，その文字を書くことができないこと，確かに単語を正確に綴ったことを何度も教師に言いました。彼は解答に合格をもらうことができず，大きな失望感を味わいました。最後には，彼は綴りの試験の直前にメルトダウンするようになりました。その教師に課せられた問いは，彼の綴り方や筆記をアセスメントしているのかどうか，彼の運動面の課題に対して，彼が学級のコンピュータで答えをタイプすることを合理的配慮として認めるのかどうかということでした。教師はそれに同意して，彼の綴りの成績は100％に急上昇し，彼の行動は劇的に改善しました。

アカデミックスキル

　アスペルガー障害の子どもの教科学習での成功を最も正確に予測するものは，その題材が子どもにとって関心のあるものかどうかです。多くのアスペルガー障害の子どもたちは，科学や歴史の授業に興味を持ちます。両方とも，事実に基づく教科であり，アスペルガー障害の多くの子どもたちの強みに働きかけるものです。国語や英語の授業は，アスペルガー障害の子どもたちに，時々困難を引き起こすことがあります。こうした授業は，比喩的な言葉，言葉の多義的な意味，創造的な作文などを含みますが，これらはすべて，彼らに困難をもたらす可能性があります。動機付けは，アスペルガー障害の子どもたちが教科

の学習で成功するための鍵です。

　実際，動機付けはおそらく，それ自体がアスペルガー障害の最も困難な側面でしょう。アスペルガー障害の子どもたちはしばしば，彼ら自身が選んだ題材，往々にして極端に狭いテーマに最も動機付けられます。その興味を教科での成功にいかにして転換するかが，教師，臨床家，保護者の目標であるべきです。好みのテーマを自由に学べることを報酬として，あまり関心のない教科の課題をやり遂げる子どももいるでしょう。筆者が所属するセンターが支援している多くの子どもたちは，彼らが下書きを手伝う約束の下で勉強しています。子どもは，特定の関心事を追求する時間を保証することで，文句を言わずに学校での勉強に取り組むことに同意しています。別のアスペルガー障害の子どもたちは，興味あるテーマの文脈の中に教科の目標を置くことで，学びの恩恵を受けるかもしれません。高機能自閉症の Temple Grandin は，集中的な興味を教育の文脈として用いることを教師に勧めています。もし子どもが列車に興味があるならば，その興味を教科の目的や目標に取り組むために使うのです。例えば，最近の教師教育のワークショップで，ある参加者が，自分が担任している子どもは，列車を愛していて，列車のことを話したり列車で遊んだりすることだけを望んでいると述べました。列車が，普段の授業課題に取り組むための強化子として利用できること，課題は列車をテーマに用いるように改変できることに注目すべきです。もし数を数えることを練習する必要があるなら，列車を数えます。順序付けることを習得したいのなら，特定の順序（機関車，石炭車，車掌車）で列車を連結します。

　学習障害を伴うアスペルガー障害の子どもたちがいるという見解があります。Asperger（1944）は，彼が関わった子どもたちの不均一な学習成績について記しています。Frith（1991）と，Siegel, Minshew, & Goldstein（1996）は，アスペルガー障害の子どもたちの学習プロフィールは，学習障害の子どもたちのものと類似していることを報告しています。確かに，アスペルガー障害の子どもたちが直面する課題は，学習困難に影響することが推測されます。アスペルガー障害の子どもたちは，抽象概念，隠喩，慣用句，他の形式の比喩的な言葉の理解に問題があることが報告されていますが，一方で，事実に

基づいた題材の理解や記憶は，比較的得意であると述べられています。Griswold, Barnhill, Myles, Hagiwara, & Simpson（2002）は，アスペルガー障害の子どもたちは，全体として平均的な学習成績と，表現活動や読解での強さを示しているが，聴解と作文は特に成績が低いことを見出しました。数学の問題解決にも課題があるとされています。数学のこうした側面に関する困難は，Xという変動値です。もしX＝3ならば，どうすれば，それは7と等しくなるでしょうか？　この領域の子どもの学習に影響するのは，アスペルガー障害の性質と絶対不変であることへの欲求なのです。

読み

アスペルガー障害の子どもたちの読みスキルは，これまで多く検討されてきています。この点については，子どもたちの間に，かなりの程度の差があるように思われます。過読症や十分に発達した単語認識スキルを示す一方で，理解が苦手な子どももいれば，読みと格闘し，文字を記号として解読する段階で定型発達の子どもよりも遅れている子どももいます（Attwood, 1998）。アスペルガー障害の子どもたちが，単語を認識できることは受け入れられてきていますが，その見解は，彼らは単語の音韻情報の抽出に熟達しているというものでした。筆者が所属するセンターで進行中の研究では，アスペルガー障害の子どもたちの中には，単語を読むために大きな語彙の貯蔵庫に頼っており，音韻情報を抽出するために音とシンボルの連合を用いていない子どもがいることを示唆する予備的なデータが得られました。従って，子どもの文字と音を結びつけるスキルをアセスメントすることの重要性が示唆されています。子どもの独立した読みのレベルを設定することが重要です。すなわち，98％から100％の正確さ，90％から100％の理解で読むことができるレベルです。子どもの教育的な読みのレベル，すなわち95％の正確さ，75％以上の理解で読むことができるレベルもまた，決めなければなりません（Sundbye, 2001）。文章を読む際の誤りのパターンを検討する，音読中の読み間違い分析もまた，重要なアセスメントです。この分析で検討される誤りには，目標と誤りの

間の文字の類似性，クラスの代用，自己修正の数などが含まれます（Stanford & Siders, 2001）。

一般に，アスペルガー障害の子どもたちの音読スキルに焦点が当てられてきましたが，読み上げられる素材を聞く力についても，アセスメントすることが重要です。75％以上の理解度を目標にして，検査者は子どもの学年における読みレベル以上の難易度で読み上げます。理解度が75％以下になったときに，聞く能力が決まります。このスキルは，特に講義中心の授業が行われる場合に，教室で上手に聞くために重要です。

Grandin（1984）は，読むことに彼女の時間を費やしましたが，彼女の「興味は事実にあり，私の息抜きの読書のほとんどは，科学と家畜の出版物です。私は，複雑な人間関係を描いた小説にはほとんど興味がありません。なぜなら，私は出来事の順序を思い出せないからです」（p.152）。これは，見事に博士号を取得し，主要大学の学部に勤める，高機能自閉症の女性からの説得力のある情報なのです。

書くこと

アスペルガー障害の子どもたちにとって，書くことは強みにも弱みにもなり得ます。多くのアスペルガー障害の子どもたちにとって，書き物を生成する彼らの力を損なうのは，書くという身体的な行為です。子どもには，特定の微細運動の障害はないかもしれませんが，筆記は書く内容を生成することに加えて，認知的な努力を必要とするのです。完璧主義を示すアスペルガー障害の子どもは，鉛筆を手にとることを拒否して，すべての文字を完全なものにしなければならないことを避けるためだけの行動をし始めるかもしれません。運動の問題がなければ，アスペルガー障害の子どもは，いかに上手に話題を探し，それらを組織化し，読み手に向けて書き，概略を作り，草稿を書いて推敲できるのかを判断するためのアセスメントが実施される必要があります。アスペルガー障害の子どもが，小学校高学年や中学校に上がるにつれて，書くことがより要求されます。ノートをとるためには，多くの注意，言語の素早い処理，速く書くための十分な微細運動スキル

が必要です。Sachs（1995）は，Temple Grandin（高機能自閉症の並はずれた人物）の著作を読んだときのことを，次のように述べています。

> 読者が，Temple が知っている重要な背景情報を共有できていないことを彼女が理解できないことによって生じる，奇妙な話の途切れとつながりのなさ，突然の理解しがたい話題の変化によって，読者は驚かされる。より一般的に言うならば，自閉症スペクトラム障害の作者は，読者との「波長が合っておらず」，彼ら自身や読者の心の状態を理解できていないように思われる。(p.253)

話術

　話術は，学業での成功をとてもよく予測することが示されてきました。すでに述べたように，読解力が損なわれることがありますが，これは，少なくとも一部は，子どもが物語の構造を認識していないことによるものです。そう考えると，筋の通った，まとまった発話の生成も，同様に不十分になることでしょう。「物語文法」を用いた直接的で系統だった指導は，生徒が意味のある書き物を作る手助けになるように思われます。「物語文法」は，物語の構造や枠組みを指しています。物語文法には，設定，起因事象，内面的反応，プラン，試み，結果，反応などが含まれています（Johnston, 1982）。いくつかの物語文法採点表が，これらの活動を支援するために利用できます。アップルビー・アプローチ（Klecan-Aker & Kelty, 1990）は，物語の発達段階を示すものとして有効でしょう。物語の段階には，ヒープ・ストーリー，シークエンス・ストーリー，初期（primitive）ナラティブ，連鎖（chain）ナラティブ，真性（true）ナラティブがあります。ヒープ・ストーリーは，通常2歳までに生成され，中心テーマのない，ラベルや行為の描写などを含んでいます。シークエンス・ストーリーは，3歳までに見られ，中心テーマや人物を巡る事象が命名されています。初期ナラティブは，物語文法の3つの側面，起因事象，行為，結果を含み，4歳半までに見られます。連鎖ナラティブは5歳までに

現れ，弱いプロットと，初期ナラティブの3要素にプランを加えた，物語文法の4つの要素を持っています。最後に，真性ナラティブは，物語文法のすべての側面を含み，7歳までにほとんどの子どもによって生成されます。これらのスキルの発達を促進するために，いくつかの視覚的支援が利用できます。それらは一般に，物語文法の全側面の視覚的表示を含んでいます。子どもが一旦，まとまりのある物語を語れるようになると，物語の記述もできるようになります。

　アスペルガー障害の子どもが書くときに起こり得る別の問題は，意図しない盗用です。すでに述べたように，多くのアスペルガー障害の子どもたちは，聞いたり読んだりした事柄を見事に思い出すことができます。そのため，特定の題材について書くように言われると，アスペルガー障害の子どもは，これまでに読んだことのある資料を言葉通りに想起するかもしれません。アスペルガー障害と関連した，付随する言語障害の結果として，子どもは，資料を言い換えるという概念に関する大きな困難を持つ可能性があります。明確な教示と支援によって，この領域での子どもの発達が期待できるでしょう。アスペルガー障害のこの側面について検討した研究は，ほとんどありません。

　ジェリーとトレントが登場する下記の場面は，楽しいものですが，アスペルガー障害の子どもたちに見られる認知，社会性，言語の障害を見事に描写しています（Stewart, 2004）。

> 　ジェリーは家族と一緒に食事をして，ボールプールで遊ぶためにハンバーガーショップに行きました。ジェリーと彼の兄弟がボールの中で遊んでいると，ハンバーガーのセットについていたおまけのおもちゃを持って，別の子どもがやって来ました。ジェリーは，その子どもに向かって，「君はルール違反だ。ここにはおもちゃを持ってきたらいけない！」と叫び始めました。ジェリーの母親は彼を呼び，その子どもはまだ2歳で，おそらくルールを理解できないから，その子どもの両親に彼の世話をしてもらうように言いました。両親が話している間に，その男の子はおもちゃをなくしてしまい，母親が中に入って，彼がおもちゃを見つけるのを手伝いました。ジェリーはそれを見て，ひどく興奮し，その母親に，

第7章 アスペルガー障害の子どもの特性

「あなたはここにいたらいけない。それはルール違反です！」と大声で叫び始めました。ジェリーの母親は，彼女は彼女の子どもがおもちゃを探すのを手伝っているだけで，それは許されることを説明しようとしました。しかし，それだけではジェリーには不十分でした。彼は大きなルール表示板をとって，それを，まだ中にいる母親のところに持っていき，表示板を指さして，「これに，大人は入るべからずと書いてあるよ！」と言いました。

ジェリーは，『ディスカバリー・キッズ』誌を好んで読みます。太陽についての特集号で，目が見えなくなるので，太陽を直接見るべきではないと書いてあるのを，彼は読みました（私たち親はみな，少なくとも一度は，そういう話を聞いていると思います！）。その記事を読み終わるとすぐに，ジェリーはパンプキン・パッチ（ハロウィンが近くなると現れるかぼちゃの直売所のこと）に行き，彼の顔を店主にペイントしてもらいました。素敵な女性がジェリーに近づいてきて，何を顔に塗ったのか尋ねました。ジェリーは，「バージニア工科大が教えてくれたんだ。太陽を直接見たらいけない，さもないと目が見えなくなるよ」と言いました。その女性は変な目で彼を見ると，去って行きました。

ジェリーが大きくなると，母親は風呂のお湯の調節の仕方を彼に教えました。彼女は彼に，お湯が溢れたらおぼれるかもしれないので，熱過ぎないように，湯船をいっぱいにしないように注意することを伝えました。ある晩，ジェリーが入浴しているときに，母親が入ってきて，湯船に3センチくらいしか水が入っていないことに気づきました。彼女が，「ジェリー，どうして少ししか水を入れないの？」と尋ねると，彼は「だって，お母さんが，お湯を多く入れ過ぎたらいけないって言ったから，少しだけ水を入れたんだよ」と答えました。

ジェリーと母親は，郵便ポストまで歩いていくために，靴をはいていました。彼らがドアの外に出たとき，母親が「さあ，出かけ

ましょう！（Let's hit the road!：道を叩きましょう！）」と言うと，ジェリーは立ち止まり，母親と道を見て，きっぱりと言いました。「お母さん，もし僕たちが道を叩いたりしたら，けがしちゃうよ。だって道は硬いからね」。

ある日，今度の学校行事で彼がうまくいくことを願って，ジェリーの叔母が彼の家にやって来ました。彼女が，「ジェリー，明日，あなたのことを思っているわよ。がんばりなさい！（break a leg！：足を折りなさい！）」と言うと，彼はショックを受けた様子で彼女を見て，「そんなことを言わないでよ。それはちっともいいことじゃないよ」と言いました。

ジェリーが誕生パーティをしてもらいました。母親は，ヘリウム風船や長旗などを飾りつけました。翌朝，風船がもう浮かんでいないのに気づき，母親は「あらあら，見てごらんなさい，ジェリー！」と言いました。彼は答えました。「問題ないよ，お母さん。風船にはヘリウムが入っていたけど，ヘリウムはガスで，抜けたんだ。それがこの風船に起こったことだよ。ヘリウムが逃げて，空気だけが残ったから，風船はもう浮いていないんだ」。母親は答えました。「科学の講義をありがとう」。息子は言いました。「どういたしまして！」。

ジェリーが「彼の世界」に入ると，彼は時々腕を伸ばして振り回しながら，辺りを踊って回ります。母親は，蝶が飛び回っているように見えると彼に言いました。彼は真面目に，「僕は蝶じゃないよ。僕は人間だ。蝶は昆虫で羽がある。人間はそうじゃない。だから僕は人間なんだ」と答えました。

ジェリーは，自分の感情や気持ちを説明することが苦手です。彼が重い病気にかかり，熱が出たとき，母親は「ジェリー，気分はどう？（How do you feel?：感触はどう？）」と彼に尋ねました。彼は，自分の体を見たり触ったりしながら，大変不思議そうに母

第7章 アスペルガー障害の子どもの特性

親を見て，言いました。「お母さん，僕の体はいつもの通りだよ。すべすべしてるよ」。

ある日の放課後，ジェリーは自分のクラスの1人の子どものことを，「ちょっと変わって見える」と話しました。母親は，彼の暗号を解読しようとして，彼に「ジェリー，その子は黒人なの？」と尋ねました。ジェリーは，気が狂ったかと言わんばかりに母親を見て，「ううん，お母さん，彼の肌は黒くなくて，濃い茶色だよ。みんな，お母さんも僕も同じ肌を持っている。ある人たちの肌は茶色，ある人たちは薄い茶色，ある人たちは濃い茶色。でも茶色の色合いが少し違うだけで，みんな同じなんだ」と言いました。母親は，ちょうどガソリンを補給し終えたので，ジェリーに店員にお金を払うように頼みました。店員が窓のところにやって来たときに，ジェリーがお金を彼女に渡したところ，彼女は，「ありがとう。あなたはよくお手伝いするのね。そこの後ろの席にいるお友達は誰？」と言いました。ジェリーは，ありのまま答えました。「右側の男の子は僕の弟で，あの茶色の子は，僕のいとこだよ」。

親族の集まりがあったとき，トレントはポーチに立って，叔父に，「トイレに行ってもいい？」と尋ねました。叔父がうなずいたので，トレントはみんなの前でパンツを下げ始めました。彼は寸前で止められましたが，なぜ叔父がトイレに行く許可を出したのに，彼がそうしようとしたら慌てたのかが分からず，非常に混乱しました。

以前，トレントはお気に入りのキャラクター「エルモ」の描かれた靴を持っていました。ある日，彼は靴の左右を履き違えました。もしトレントに，靴を「履き間違えた」と言えば，彼はその靴を履くために，別の足を探しに行くことが分かっていたので，母親は彼に，「エルモが外側を向いている（goes on the outside：外に出る）」と言いました。トレントは靴に目を落とし，悲しげ

に母親を見上げて,「でも,外は寒いね」と言いました。

トレントは,車の後部座席に,彼の祖父母と座っていました。そのとき,祖父が帽子を脱ぎました。トレントは,祖父の頭を見てショックを受けました。彼は祖父に髪の毛がないことを知らなかったようでした。彼は祖母を見て,「おじいちゃんの髪の毛,どうしたの?」と尋ねました。「ああ,髪の毛が抜けたのよ(He lose it:髪の毛を落とした)」と祖母は答えました。トレントはすぐに身をかがめて,車の床を探し始めました。

トレントには,彼の学校で秘書として働いている親戚がいました。彼女は毎日,学校が終わった後,トレントの行動を家族に詳しく知らせていました。ある日,彼女は彼のいとこに,トレントは静かなランチの間に話をしてトラブルになったことを伝えました。いとこは,トレントの正直さを試そうと,今日1日どう過ごしたのか彼に尋ねました。
「うまくいったよ」トレントは言いました。
「トラブルにならなかった?」いとこが尋ねました。
「いいや…うーん…そうだな…うん」
「そう,何があったの?」
「うーん,僕たちが食堂にいたとき,ステージ近くの離れたテーブルに,子どもたちがいたんだ。彼らはおしゃべりしていて,とても騒々しくて無作法だった。そして,僕は彼らの中の1人だったんだ」。

トレントは,胃がむかついて,かなり気分が悪くなりました。彼はいとこに,喉が渇いたと伝えたので,いとこは彼にジンジャーエールを飲ませ,胃がむかつかないように,ゆっくり飲むよう話しました。最初,彼は少し混乱したようでしたが,その後理解したように見えました。
「そうだね。僕たちは僕の胃を心配させたくないからね。胃には幸せでいてほしいよ。そうだよね」。

彼のいとこは，さらに説明するかどうか思案しましたが，その代わりに，「ああ，その通り」と言いました。

トレントのいとこは，気分が優れず，早く寝ることを決めました。トレントの就寝時間に近かったので，彼はトレントにおやすみを言い，何か重要なことがない限りは，彼を起こさないように頼みました。約7分後に，トレントはドアをノックして，いとこを呼び始めました。いとこは飛び起きて，急いでドアを開けると，そこにはトレントが落ち着いて満ち足りた様子で立っていました。彼は言いました。「もしトーマス・ジェファーソンが今も生きていたら，何歳になるか知ってる？」いとこは答えました。「トレント，僕は君に，何か重要なことがない限りは，僕を起こさないよう頼んだはずだよ！」。トレントは言いました。「僕は，歴史は重要だと思ったんだ！」。

タイラーという名前の少年が，学校でトレントをいじめていたので，トレントは先生にその事実を話すことに決めました。先生は，両方の生徒からその状況について話を聞いたところ，タイラーの説明はトレントの説明に反するものだったので，タイラーにとって有利な判断をすることに決めました。別の生徒が，タイラーのトレントへの脅しが続いているのを知り，トレントを弁護しました。先生は，2人の生徒と2回目の話をして，タイラーを校長のところに行かせることを決めました。トレントは帰宅して，いとこにその出来事を話しましたが，彼はまだ動揺しているように見えました。いとこが，どうして動揺しているのか尋ねると，トレントは答えました。「ターナー先生は，最初はタイラーに有利な判断を与えたと言ったけど，僕には何もくれなかったんだ」。

ある日，トレントの親友のジェリー（前述）と彼の弟が，トレントと遊ぶためにやって来ました。トレントはジェリーに，友達のジョーダンが泊まりに来たときのことを話しました。彼は言いました。「ジョーダンはテレビを持ってないから，彼が泊まりに来

たときには，ずっとテレビを見たがって，外で遊ぼうとさえしなかったんだ」。ジェリーは学校で言語聴覚士から慣用句を習っていました。彼は言いました。「彼は一日中ソファーでゴロゴロ寝そべっているような人（He sounds like a potato on the couch：彼はソファーの上のジャガイモのよう）だね。これがいわゆる慣用句だよ」。

ある日，トレントは米国大統領になることについての話をしていて，もし彼が大統領になったらやりたいことをすべてリストにしました。彼は，大統領の多くが「執務室で死去」したということを読んで覚えていたので，すぐにオフィスを持たないことに決めました。

トレントの祖父が仕事中に体調を崩し，早く帰宅しなければなりませんでした。翌日，トレントと祖父は，昼食で祖父の同僚の何人かに会いました。同僚は，昨日はどうして職場から早く帰らなければならなかったのか尋ねました。祖父は言いました。「ええと，私は気分が悪くなり始めたが，仕事を続けられるだろうと考えていた。でも，そのとき戻してしまったんだよ（lost my cookies：クッキーをなくした）」トレントが答えました。「きっとサッシー（祖父の犬）が食べちゃったんだ」。

事例研究

　アーロンは，9歳のときに，反抗挑戦性障害と注意欠如・多動性障害の診断書を持って，クリニックに照会されました。彼はよく話し，口が悪いと記されています。彼は心の理論の学習に参加し，その課題をうまく通過するために，他人の視点に立つことができないという点で，高機能自閉症やアスペルガー障害の人たちのように反応しました。彼はアスペルガー障害の診断を受けました。彼は，母親や妹と接するだけの，キティという別人格を発達させました。キティは，なぜ社会

的スキルが重要なのかと尋ねました。アーロンは，自分が何らかの困難を持っていることを認められなかったので，キティは，彼が尋ねる気にならないことをすべて質問しました。キティを通じて，アーロンは，彼の違いを受け入れ始め，指導で扱われる社会的スキルを統合し始めるために，彼が望む答えや情報を受け取りました。2年間のグループ指導に参加した後，アーロンは指導を終えました。彼は，中学校でずっと優等生名簿に名前が載っています。現在，彼は離婚した母親と妹と暮らしています。

ジョーは，アスペルガー障害の診断を受けた後，クリニックに照会されました。10歳のときには，彼は大変おしゃべりで，様々な話題を論じることができましたが，相互的な会話を行うことに困難がありました。ジョーは社交的で，抱擁で大人を迎え，尊敬と礼儀正しさを持って，他の子どもたちに接しました。彼は，関心のある多くの様々な話題（衛星電話通信，アブラハム・リンカーンなど）について，他の人たちに講義する傾向がありました。ジョーは，興味のある話題を見つけると，テレビ，インターネット，紙媒体を含む，その話題に関するあらゆるメディアを購入しました。ジョーは，約2年間，会話スキルや集団問題解決を目的としたグループ指導に参加しました。ジョーは，離婚した母親と，注意欠如・多動性障害の明らかな症状を示す弟と暮らしています。

セスは，12歳で，社会的スキル発達の困難のため，母親によってクリニックに照会されました。彼はアスペルガー障害の診断を受けていました。セスは，限られた会話スキルを持った，恥ずかしがり屋で孤独な子どもでした。彼は，特にスポーツに関する多くの情報を記憶しているようなのですが，その情報を共有することは難しく，話すことは好きではないと言っていました。彼は，バルミツバー（ユダヤ教の13歳男子の成人式）の準備に参加する機会を得たのですが，人前で話すことに気が向かないと言って，最初は断りました。およそ1年間の社会的スキルグループに参加した後，セスは彼のバルミツバーを無事終えることができました。彼はずっと優等生名簿に掲載されて

おり，両親と暮らしながら，米国，ヨーロッパ，中東を広く旅しています。

　トニーは，深刻な社会的コミュニケーションの困難，学習困難，限られた興味（日本のアニメ，コンピュータなど）のため，13歳でクリニックに照会されました。彼は，地方の学校制度以外には利用可能な資源が限られた農村地域に住んでいました。評価の結果，平均的な非言語性IQと明らかな言語処理の障害があり，アスペルガー障害の診断がなされました。彼は，学校の勉強に注意を向けたり，必要な道具をすべて持って授業に参加したりすることが難しいと言っていました。彼には，宿題や鉛筆などをいつもなくすという彼の課題に対処するための組織的な対応システムが提供されました。彼は，両親と，優れた学業成績を上げる兄と一緒に生活しています。

　チャンドラーは，22歳で，見出しや小見出しのある，30ページの物語形式の自己評価文を書きました。その文書は，概要があり，話題の相互参照が可能で，推薦書のみならず，その物語で引用された作品を含む参考文献が，その文書を完成されたものにしていました。チャンドラーは，コンピュータ検索で，筆者の名前とアスペルガー障害，地域の情報源をマッチングさせた後，筆者に彼の自伝を送ってきました。彼の質問は，「僕のどこが悪いの？　僕を助けてくれますか？」と二重になっていました。彼が書いたものの中で，彼は，友達がおらず，学業で成功するために最大限の努力を重ねた子ども時代のことを語っています。彼は，言葉を解読するために，得体の知れない能力と格闘してきましたが，書物を理解することはできませんでした。彼は学習障害と呼ばれていましたが，苦労を減らすために彼が必要としていた支援や，物事をほんの少しでも容易にしてくれるような種類の支援は，決して受けたことがないことを思い出しました。彼は，2つの卒業論文で，1つは自助と自己管理スキルのためのPDA（携帯情報端末）の使用に焦点を当てており，他方は言語の非流暢性について分析する研究の対象者になってくれました。彼は，地方大学で，アスペルガー障害の人たちの自助グループに参加して，学士の学位を得るた

めに努力しています。彼は，地域のコミュニティ・カレッジで，たった1年で準学士号を取得しました。

筆者の信念

　筆者は，アスペルガー障害の子どもを育てることは，中度の知的障害を併せ持つ自閉症スペクトラム障害の子どもを育てることよりも難しいと思っています。両方とも，確かに困難ですが，アスペルガー障害の子どもは，周囲の人すべてを友達として扱う傾向があり，大人－子ども関係の中で見られるような，力による区別に反応しないのです。筆者がかつて公立学校で仕事をしていたとき，このことは最も多く報告された，アスペルガー障害の子どもたちについての関心事でした。教師たちは，なぜ宿題を与えようとするとアスペルガー障害の子どもはその宿題をすることの利点について議論するのかを疑問に思ったことを報告しました。こうした行動が，敬意を払っていないのではなく，大人と子どもの力関係の判別に関する理解を欠いているためであるということを理解するのは，経験豊富な大人なのです。

 取り組んでみましょう

1. アスペルガー障害の子どもたちの教育で，最も難しいことは何でしょうか？　列挙してみましょう。
2. あなたが知っているアスペルガー障害の人について話し合ってみましょう。
3. アスペルガー障害に関連した強みと弱みは何でしょうか？　列挙してみましょう。
4. 高機能自閉症とアスペルガー障害は，果たして似ていない点よりも似ている点の方が多いのでしょうか？　話し合ってみましょう。

第8章

家族みんなで支える

　究極的に言えば，自閉症スペクトラム障害は長期に渡って変化する障害です。自閉症スペクトラム障害は，機能的な問題で，ある年齢において特定の行動が出現し，後に消失することもあります。成長もしますが，時折退行します。退行の原因は分かっていませんし，そのメカニズムも完全には分かっていません。学校に入学したり，その他の支援プログラムに参加したりしないと，退行する子どももいます。また，病気でスキルが退行する子どももいます。確かに，自閉症スペクトラム障害という障害自体と，自閉症スペクトラム障害児の子育ての双方に関連する好調期と低迷期があります。自閉症スペクトラム障害の子どもは，正しいサポートと教育的介入があれば，様々なスキルや能力を持った融通のきく人間になります。子どもの人生における自閉症スペクトラム障害の道筋について，十分で正確に述べた記述は1つもありません。以下に，筆者の20年余りに及ぶ専門的な経験をもとに，筆者の見識を述べています。さらに，自閉症スペクトラム障害やアスペルガー障害の実際の子どもと，その両親から得られた，あなたがあなたの子とともに人生の旅に出る，または旅路を行くときの手助けとなるような見識を提供しています。

鏡の中のものは見えているよりずっと近い

　親であるあなたを自分でよく観察したときに，あなたとあなたの子どもの間にたくさんの共通点あることに驚かないでください。ある1つの道を望んだけれども，そうならなかったときに落胆するかもしれません。もしそうであるなら，あなたの思い通りにいかないときにどのように感じるかを少し考えてみてください。計画していない出来事が進んでいくときにどのように感じるかを考えてみてください。何の知らせもなく，あなたの計画が勝手に変えられていたときにどう感じますか。何か予想もしていないことが起きているとき，ここで生活している子どもがメルトダウンしたとしたら不思議に思いますか？　変化について自分がどう感じるかを自分に問いかけてみたとき，あなたの子どもの気持ちに少し寄り添うことができるかもしれません。

　「鏡」に映し出されたこともまた未来に関連しています。それはあなたが考えるよりも近いところにあります。就学への移行はすぐ近くまできています。そして小学校，思春期そして成人期もそうです。筆者はあなたが今，子どもときちんと適切に過ごせていないと言いたいのではありません。けれどもあなたは未来を想定して生きなくてはなりません。あらかじめ計画を立ててください。そして，準備してください。

これまで関わってきた家族が教えてくれたこと

 アイリーンとチャド

　アイリーンとチャドは，彼らの息子が経験した明らかな退行の原因と関連する情報を探し求めて，筆者のもとに18か月の息子を連れてきました。現在8歳で，中〜重度の自閉症スペクトラム障害である彼らの息子ジャクソンは，両親に人生の教訓を与えました。彼らは，畏れ多くも筆者にその教訓を教えてくれました。その日チャドが言った

言葉を思い出します。「あなたはメルトダウンを恐れませんね？」 筆者はチャドに対して，メルトダウンを恐れたことがあるか尋ねました。チャドは，彼のみならずアイリーンもメルトダウンを恐れ，その結果，どんな犠牲を払ってでもメルトダウンを避けてきたと言いました。筆者がどのように避けたか尋ねると，ジャクソンが抗議の声を上げ始めると，すぐに彼に向き合うことを避けたと言いました。このことは，彼が泣いたり，金切り声を上げたりするほどイラつくことが許されなかったことを意味します。このアプローチの重要な点は，引き金を避けることにはなるけれども，代わりとなる方法を作る余地がなかったことです。何が衝突の引き金となったかではなく，それを避けることに焦点を当てていたため，両親は息子の発達を促すことにはなっていませんでした。メルトダウンは，しばしば恥ずかしいですし，周囲の注目を集めることもありますが，この世の終わりではありませんし，潜在的なメルトダウンに正面から向き合い，何が引き金となったのかに対処し，メルトダウンの代替手段を見つけなければならなかったのです。

クリスタルとブライアン

クリスタルとブライアンには，アスペルガー障害の息子と高機能自閉症の娘がいます。ブライアンもまたアスペルガー障害の特性を持っていますが，正式な診断はおりていません。この夫婦が私に教えてくれたことは，辛抱強さと柔軟性でした。特にクリスタルは，とても辛抱強い人間です。彼女は，自閉症スペクトラム障害の人に囲まれている，あるいは，それに近い状態で生活しています。彼女はあるがままを受け入れて一日一日を過ごしています。彼女は，今を生き，子どもたちが生きることを応援します。こうすることで，子どもたちが次に何が起きるのか恐れないようにします。彼女は，起きることは起きる，変化を心配しないという信条を実行して生きています。この考えとなる信条として，クリスタルは彼女の夫の甥に，彼女の家族と一緒に住むように求めました。この甥は17歳で，アスペルガー障害や高機能自閉症との診断は受けていませんが，高校を中退し，仕事はしておら

ず，家庭で虐待を受けていた可能性があります。クリスタルは彼を，彼女の家のスケジュールに参加させ，学校で軌道に乗せ，今はブライアンと一緒に働いています。

マットとセリーナ

　何度専門家がマットとセリーナに，彼らの子どもたちの行動が受容できるものではないと言っても，彼らは言い訳し続けました。彼らは，娘がセラピーの中での活動にとても疲れているので，とにかく彼女に対して何か報酬を与えるべきだと言いました。彼らは，息子が自閉症スペクトラム障害だから，息子がつばを吐いた，そして誰かが彼につばを吐かせる原因となる何かをしたに違いないと述べました。筆者はなぜこの2人がそこまで弁解し続けるのかは分かりませんでしたが，彼らが単純に2人いる子ども双方に障害があるという事実を受け入れることができなかったと考えることができます。彼らは自閉症スペクトラム障害が問題行動に対する説明と弁解であるという考えに頑なに固執しているようでした。確かに，自閉症スペクトラム障害は，なぜ子どもが叩くか，あるいはつばを吐くかの言い訳になりますが，子どもに悪い行動をしてよいという許可を与えるものではありません。彼らの子どもは2人とも，利用可能な効果的なコミュニケーション方法を持っていました。彼らは，やりたいことや，必要なことを表現することで，彼らのニーズを満たすことが可能だったので，これらの問題行動は注意されませんでした。彼らは，学校やセラピーの中で，やりたくない活動があるときに，叩いたり，つばを吐いたりしました。そして両親はそうすることを許していました。ここでの教訓は，温かいものではなく神経質なものでした。

パトリシアと夏のドライブ

　パトリシアは，彼女の子どもが5年生のときの担任に，彼女の息子がもっと柔軟になるよう学習する必要があると言われました。彼は，変化のないスケジュールに日々従う几帳面な性格でした。彼を柔軟に

する支援として，スケジュールを変化させる必要がありました。彼女は，夏休みの間，毎日その日に何をしたいかを息子に尋ねました。彼が好きな活動は，図書館とプールに行くことでした。母親は，彼が望む活動のために必要なことは何でもやり，毎日彼を連れて回りました。直接プールまで車で移動する代わりに，彼女は自分の用事を済ませ，さらに他のやりたいこともしました。しかし，必ず最後は，彼が望んだ活動を行いました。夏の終わり頃には，彼は車に乗り，「ママ，今日も僕の邪魔をするつもり？」と言うのでした。聞いたところによると，現在では彼はうまく予想外の出来事に対処し，自分のスケジュールを変更することができるようになったそうです。

シャーロットと価値の大きな得点

シャーロットは，息子のジェイクが得点を稼ぐためによくお手伝いをしてくれることに気づきました。彼は何年もの間お手伝いを行い，それによって得点を稼ぐことで大きな成功を遂げてきました。しかし，彼女は彼の得点に対する熱狂ぶりに変化が起きたことに気づきました。シャーロットはお手伝いの内容と関連付けて得点の価値を上げることに決めました。彼女はさらに，ごほうびを得るのに必要な得点を上げました。例えば，かつて10点の価値を持っていたことは100点に上げました。ごほうびをもらうには，週に50点が必要だったところを，500点に上げました。これは非常によく機能し，息子が本当に挑戦的な新しいお手伝いの内容をやり遂げたとき，ポイント値は必要に応じて2倍や3倍になりました。

アニーの青い仕切りのお皿

ジョンとマリリンは，彼らの24歳の娘アニーが食事をとらなくなった後，筆者に電話をしてきました。アニーはこれまでの23年間，あるいは彼らが覚えている限り長い間，青い仕切りのプラスチック皿で食べていたように思われます。ある朝，恐ろしいことに，彼らは，アニーの皿がまだ食器洗い機に残っていたことに気づきました。お皿は，

すでにそれと分からないほど溶けてしまっていました。筆者がジョンとマリリンから学んだことは，アニーが毎日毎食同じお皿で食べることはいいアイデアなのですが，実際のところ，それが彼女のハンディキャップとなっていたということです。結果的に彼女を，食事はいつも青い仕切りのお皿に乗って出てくると信じさせたのです。彼女は，予測可能なルーティンを望んでいました。そのお皿は彼女を落ち着かせていました。しかし，ジョンとマリリンは，彼女が望むような方法でいつも物事が起こると信じるように仕向けることをよしとはしませんでした。この出来事から得られる教訓は，叶えることができない期待を子どもたちに持たせないということです。

スコットの収集品

スコットと彼の息子は，ストックカーレースに絶大な興味を持っています。スコットはこの興味に関連する多くのコレクションを持っています。彼の息子は，そのコレクションで遊ぶことができるか尋ねました。するとスコットはこれらは大変価値のあるもので，自分が死んだら全部譲るよと説明しました。すると，彼の息子は，最高の遊びの機会を予想して，にこっと笑いながらスコットを見て，いつ死ぬ予定か聞きました。最初，スコットは，自閉症スペクトラム障害の世界に慣れていなかったので，大変驚きましたが，すぐに息子は悪くなく，ただいつ遊ぶことができるのか知りたかっただけだと分かりました。スコットは，人生は今を生きることであり，彼の息子はまさにこの時を生きているのだと悟りました。今は，彼らは一緒にすべてのコレクションで遊び，レースへの愛を共有して楽しんでいます。

マリリンとマギー

マギーはすべてが同じのままでいることを好みました。しかしマリリンは変化が好きでした。ある日，マギーが学校に行っている間に，マリリンはリビングの家具を模様替えしました。マギーは家に帰って来て，急な変化に驚き混乱してしまいました。マリリンはマギーに，

配置は変わったけど，彼女が使っていたものや，好きだったものはまだ部屋にあると言い，安心させました。マリリンは，マギーが学校に通っている間，ほぼ月に1回は家の模様替えをすることに決めました。棚やテーブルの上のものを動かすだけのときもありました。また，家具も動かすときもありました。彼女は，マギーの部屋の模様替えだけはしませんでした。ある日マギーは，彼女と母親の寝室の模様替えができるか尋ねました。母親はもちろん同意し，模様替えをしました。2か月後，マギーは彼女の部屋全体を塗り替えることができるかを母親に尋ねました。

放浪者ローガン

　ローガンが初めてどこかへさまよって出て行ってしまったとき，彼はたったの4歳でした。中度の知的障害を併せ持つ自閉症スペクトラム障害の息子が行方不明になったときの保護者の恐怖心を想像してみてください。彼は，結局家から4km近く離れたバージニアの山で見つかりました。幸いにも彼は無事でしたが，保護者の気は確かではなく，罪悪感だらけでした。自分たちはどうしてそんなに不注意だったのだろうか。しかし，彼らは別に不注意ではなかったのです。彼らはただ息子を過小評価していただけなのです。ローガンは，歩きに行きたかったからそうしただけなのです。（彼がそのとき好きだった）蝶を追いかけたのか否かは，両親には知る由もありません。彼らにできることは，彼の行く道を安全にしておくことです。彼らは，地元の保安官と協力し，レシーバーで会話するモニターを，ローガンの足首につけることにしました。ローガンはその後さらに2回放浪しましたが，保安官から連絡が来る前に，家の前の車道より前に出て行くことはありませんでした。

アスペルガー障害の主唱者ジェイコブ

　ジェイコブが10歳になったとき，彼は母親になぜ自分は友達を作るのに苦労したのか，そして地元大学でなぜ集団療法に行ったか尋ね

ました。彼女は正直に分かりやすく，彼がアスペルガー障害と呼ばれる特性があるからだと言いました。彼女は，彼は気にかけたことについて話したいだけで，他人と議論したいわけではないと思ったので，アスペルガー障害により，友達作りが難しいこともあると説明しました。彼女は，彼がゲームでいつも敗者ではなかったことや，友達がいつも彼と遊ぼうとするわけではなかったことを思い出させました。彼は知的障害ではないのですが，科学の分野は優秀であった一方で，国語科など，いくつかの学習が難しかったことも説明しました。彼はどこからアスペルガー障害が伝染したのかと尋ねたので，彼女はそうではないということを伝えました。彼はアスペルガー障害について他の人たちに話していいものか尋ねたので，彼女はそうすることができると言って彼を安心させました。彼は世界自閉症啓発デーのシンボルカラーである青いリボンのラペルピンとブレスレットを手に入れました。彼の友達が彼のピンとブレスレットについて彼に尋ねたとき，彼は質問に答えました。彼はショッピングセンターでも全く知らない人にピンとブレスレットの意味について知らせていました。ジェイコブは彼自身の最もよい主唱者になりました。

生き字引ジョーダン

　ジョーダンの母親のクリスは，早期にアスペルガー障害とは何か，そしてそれがどのように彼女の息子に影響を与える可能性があるかを知りました。彼女は彼が常習的なテレビ視聴者あるいはゲームオタクにならないようにしようと決意しました。彼女はケーブルテレビがない農村地域で生活しました。彼女は本のある家を準備しました。とてもたくさんの本です！　彼女は百科事典のセットを持っていました。ジョーダンはすべてを読みました。彼は，住んでいた地域にある素晴らしい山々で外に出て遊びました。庭でも遊びました。その地域は，空気が澄んでいたので，望遠鏡で星を観察しました。彼は地元のコミュニティで芸術と陶器を学びました。彼はブルーグラスジャム（カントリーミュージックの即興演奏）をしに行って，そしてスクエアダンスをしました。日々を学習，知識そして自然で満たしました。ジョーダ

ンは，筆者の知る中で最も多方面に関心があり，落ち着きのある魅力的な若者なので，筆者は彼に会うことがとても楽しみでした。

陸上競技場のスター，アーロン

アーロンは，自分の意思でランニングをもう一度やってみようと決心しました。これが彼の人生を変えました。今や彼は学校のクラブ活動にも参加するようにもなり，エネルギーと不安をランニングによって燃焼しています。しかし最も重要なことは，彼がそれを自分で選択したことです。彼は，たとえうまくいくかどうか不安になることもありましたが，それが自分にとってよいことだと気づいたのです。

リアルな人々からのリアルな情報

「自閉症スペクトラム障害の子どもを育てる上で最も教訓となったことは何ですか。他の親に教えてあげたいことは何ですか」

これは，自閉症スペクトラム障害の子どもの親が言った筆者のお気に入りの言葉です。

> 自閉症スペクトラム障害の子どもの親や彼らに関わる人々の多くにとって，英雄的な資質はほとんどの人が見逃す一片や一部分にあります。それは，私たちの毎日の生活にある詩，私たちが選んだ人に特別な料理を作ること，子どもを歯医者さんやお医者さんに連れていくために乗り越える壁，たとえ子どもが抱きついてこなくても子どもを抱きしめることなどの中にあるのです。
> 我々は変化を強いられます。そしてしばしば我々が気づかないうちに，変化を受け入れていくのです。
> 　　　　Roy Richard Grinker（2007）による *Unstrange Mind*

以下は，筆者からのヒントです。

第8章 家族みんなで支える

- よいことを続けてください（あなたはいつでもヒーローです）。
- 楽天的でいてください。
- 根拠を調べてください（あなたの子どもが必要としている支援法や治療法を入手し，すぐにそれを受けてください。特に根拠に基づく実践が必要です）。
- あなたの本能で動いてください（あなたの子どもにとってよい道を，あなたの直感で選んでください）。
- あなた自身を支援で包んでください。
- 休憩をとってください（あなた自身もいたわる必要があります）。
- 大きな夢を持ってください！

　ヒューは私にインスピレーションを与えてくれました。子どもによってあなた自身を鼓舞させてください。絶望はしないでください。あなたが思い描いていたあなたや子どもの人生と全く同じ方向には進んでいかないでしょう。しかし，いくつかのドアは閉じたままでも，そのほかのドアは開かれています。それが難しいことは知っています。でも，開いたドアを探し，素敵な道を歩んでいってください！ ── AS

　私の考える最も重要で最もよい教訓の1つは，私の息子のように考える方法を学ぶことだろうと思います。私が彼の見方や考えから，予想し，吟味し，状況を見ているとき，我々はよりよい人生を楽しんでいます。私は，息子が持っている世界の「景色」を愛することを学んできました。そして，理解，柔軟さ，同情なしに彼の見ているものを共有したいと思っています。
　他の親に伝えたいこと：人生の旅を楽しんでください。毎日の小さな成功を大切にし，お祝いしてください。あなたの子どもを愛し，彼らの持って生まれたものを抱きしめ，鏡を見ながら，世の中を子どもと一緒に歩んでください。 ── CH

　愛すること：私は，想像していたよりずっと愛について学んできました。どんな見返りも求めずに，無条件に愛することを学んで

きました。

理解すること：私は理解することを学びました。なぜなら，息子が状況に反応するのには理由があり，私が理解し，支援するのは当然のことだからです。

辛抱強くあること：これは，私の息子に対してだけではなく，私の息子やアスペルガー障害を理解しない世界中のすべての人に対しても言えることです！

教育者であること：私たちの子どもを教育することは，親として当然のことだからです。

そして最後に，アスペルガー障害は，診断や障害ではなく，むしろ私の息子をユニークで，特別で，そしてまさに今いる息子にしてくれた祝福すべき贈り物であるということを学んできました。
——VA

私の考える最も偉大で最大の教訓は，キャメロンに障害があることを私と妻が初めて知り，打ちのめされたことです。私は，神様にこの子の親になるように選ばれたのだと日々感じています。なぜだか分かりませんが，そのように感じるのです。彼は，おそらく私たちには見えていないものを見てきたに違いありません。彼には大きな支援サービスがあり，確かにそれはプラスに働いています。また，キャメロンはとても賢い子です。自分で問題を解決し，うまく刺激的な状況に対処することを学び，そして，他の7歳の子ども同じように，とてもいたずら好きです。もう1つの教訓として，キャメロンは他の子どもとも同じであるということがあります。何か面白いことがあるときには笑い，悲しいときには泣き，思い通りにならないときには口をとがらし，眠いときには機嫌が悪くなるときがあります。自閉症スペクトラム障害であることを除けば，キャメロンは他の多くの子どもと同じです。キャメロンは何が欲しいかを理解し，大抵の場合どうやって手に入れることができるかが分かっています。彼は日々社交的になっています。今朝，彼は友達に「ベニー，こんにちは」と言いました。それは，自発的な発言で，それでいて適切な使い方でした。私か

第8章 家族みんなで支える

らの自閉症スペクトラム障害の子どもを持つすべての親へのメッセージは，彼らを愛し，ともに動き，大切な天使を授かったことを天国の神様に感謝してください！──SM

自閉症スペクトラム障害の私の3人の子どもたちは，私に今を生きることを教えてくれました。多くの本や人々が，「心に留めて」生きることを主張しています。しかし，多くの人が先の計画ばかり立て続け，我々自身に関して責任を負うことや，我々の義務に優先順位をつけないことにより，今この瞬間を通り過ぎていってしまっています。例えば，ある春の日，私の家族は裏庭に出ていたことがあります。私は，おもちゃやガラクタを拾い上げて掃除していました。そのとき，1番上の子であるキャサリンがじっと立ち，ただ空を見上げているのに気づきました。少しの間彼女の行動を観察した後で，私は彼女のもとに行き，何を見ていたのか尋ねました。彼女は「木」を見ていたのだと言いました。私も木を見上げてみました。その日は美しい日で，雲はなく，明るくよい天気で，優しい風が吹いていました。木の葉は，光を反射し，優しい風で揺れました。彼女はそれを微笑みながら見ていました。私は「足を止め木を見上げたり，その美しさをほめ称えたり，葉のカーブを見たり，樹皮の線を見たりしたのはいつぶりだろう」と思いました。だから私は，彼女と一緒に立って，そして，神様からの完全なる贈り物であるキャサリンや木に畏敬の念を抱きつつ，その美しさを楽しんで木を見ました。──JM

私が自閉症スペクトラム障害の子どもの親になって実感する最も大きな学びは，私が彼女の最も強い主唱者であるということです。親も，自閉症スペクトラム障害について学び，権利や情報源について知ることが必要不可欠です。私は学べば学ぶほど，私の小さな娘の代弁者である私の発言は強くなっていくのです。──RB

私以外の全員が自閉症スペクトラム障害である我が家で暮らしてきて学んだことはたくさんあります。最も重大で最高の教訓は，

辛抱強さを持っていなければならないということです。辛抱強く，そして柔軟であってください。人生の多くのことから，試行錯誤の中で学ばなければならないことがあります。もしあなたの家族にうまくいっていないことがあるなら，正解が見つかるまで他の方法をトライしてみてください。また，すでにうまく機能していないことがあるなら，さらに他の方法を探してください。あなたの行動が，自閉症スペクトラム障害の人にどのように影響するのかを知るために，彼らに役立つ手がかりを追求しなければなりません。3歳の子どもが診断されようと，立派な大人が診断されようと，あなたは人生を通して彼らを最大限サポートし，何があっても彼らを最大限愛さなければなりません。私がみなさんに知っておいてほしいことは，自分の子どもについてあなた以上に知っている人はいないということです。誰もあなたの子どもをあなたのように無条件に愛することはないでしょう。あなたは，専門家，セラピスト，さらには教室に子どもを連れて行くことができ，そこでは知識の豊富な人に出会える可能性があるでしょう。けれども結局，常に子どものそばにいるのはあなたであり，あなただけでしょう。あなたはそれらすべての偶然，習慣，不安と喜びを知っています。あなたは，自分の心に従い，自分の子どものための最終選択をしなければなりません。それらはいつも「正しい」選択ではないかもしれませんが，あなたはその選択肢があなたの子ども，家族そしてあなた自身のために「最もよい」選択であることを祈らなければなりません。——KE

アスペルガー障害または高機能自閉症やADHDを含む広い意味での発達障害，感覚統合機能障害，概念イメージ機能不全，ハイパーレキシア（過読症），ディスレキシア（失読症），そして全般性不安障害は，米国で急速に増加している発達障害です。ただ単にこれらの用語の意味を知ったり，私が把握できるそれぞれの障害の症状を知るだけでも，その障害に対して身体的あるいは精神的に対処する仕組みをさらに調べ，獲得することができるといった意味で大いに利益があったと思います。そうすれば，仲間から

孤立したり，他の多くの問題（すなわち，社交不安障害，実用的社会性スキル獲得の重度の困難，人間のコミュニケーション全体の93%を占める非言語的手がかりを理解することの困難）を抱えたりせずに済んだのかもしれません。私も他の人と同様に，この障害のことを，内的因子，外的因子の両側面における複数の感覚過敏によって定義付けられるのではないかと考えるようになりました。私は，もしかするとこの障害を引き起こす要因は，複数絡み合っているのではないかと思っています。私のこの信念は，私自身の個人的な経験に基づいています。

焦点を当てるべきことは，この障害の発見と早期介入であり，それがアスペルガー障害のある人の生活の質に大いに影響を与えることでしょう。もしこれが私にも当てはまっていたなら，私は大いにそれから利益を得たでしょうが…。その代わりに私は可能な限り自分で対処して，そして自閉症スペクトラム障害の特性とは真逆の考え方で私の周りの世界に順応しようとしなければなりませんでした。私自身の成功の多くは，障害があるからと言ってそれが私の生活と未来を破壊することはないという私の純粋な意志と決意によるものです。私は今，大学4年生で，歴史学と哲学の両方を専攻しています。私の成績は良好で多くの基礎を学びました。しかし，それは容易なことではありませんでした。私は何年もかけて多くの友人を得てきましたが，多くの自閉症スペクトラム障害の人が，自分たちの人生において身につけたいと願っている深い人間関係を作ることには今でも苦労しています。それは私が今でも取り組み続けていることです。現時点においても，不安と疑いの思いが自分の人生の中に存在し続けています。そういった気持ちはある程度誰にも常にあるものなのかもしれません。もし私が必要な支援を早期から受けていたならば，私や私のような障害のある人は，成長過程で経験してきた多くの痛みや苦しみ，孤独感，トラウマは劇的に減っていたか全く避けられたかもしれません。アスペルガー障害に起因する社会性の困難は，すべてのアスペルガー障害の根源にあります。アスペルガー障害や高機能自閉症の人たちに，仲間や年上の人たちと「世間話」が

できるように指導してください。「世間話」に関する優れた情報源が Debra Fine 著『世間話の芸術 (*The Fine Art of Small Talk*)』という本の中で論じられます。もし、社会性、読み理解（ハイパーレキシア：過読症、ディスレキシア：失読症など）といった主な問題が対処され、原因に焦点を当てた不安に対する評価が行われれば、こうした障害に苦しんでいる次世代の何百万もの人の生活の質が、彼らが切望する普通の生活を送ることができるまで劇的に改善されることでしょう。そうすれば、子どもの頃、私が耐えなければならなかったしつけの質も改善していくことでしょう。——CS

私は先に計画を立てて見通しを持たせる人間です。えーっと、厳密に言いますと、私はかつてそういう人間でした。しかし、この計画についてよく見直してみると、私の立てた計画は、勤務時間外には常に守ることができるとは限らないことに気づくようになりました。過去10年間、自閉症スペクトラム障害の娘を育ててきた私が学んだ最大の教訓は、私は、何か楽しいことのためにできるだけたくさん計画しようとしたら、アスペルガー障害である私の娘がその計画を最終的にコントロールするために、結局私の娘のすべてをコントロールできないことです。私はこれを我慢し、理解することを日々、分刻みで学んでいます。私が、ほとんどの子どもたちが大好きだろうと考えられるたくさんの活動を組み込んだ、子どもたちに分かりやすいゲームの日や、お出かけの日を計画する際、かつては綿密に計画をしていました。しかし、毎回娘を喜ばせようとして失敗するごとに、感情的に打ちひしがれることを防ぐために、結局私はそれをやめなければなりませんでした。その方針変更をする機会を得たことで、私は完全に落ち着いた楽しい1日を獲得するようになりました。明日は同じ経験の繰り返しではないでしょうから、それを受け入れるようになっています。——MW

筆者の信念

　筆者は，親が他の親から最も多くを学ぶと信じます。自閉症スペクトラム障害の子どもたちを持つ他の親を見つけて，彼らと話をしてください。自閉症スペクトラム障害の子どもに何をすればうまくいくか，何をすればうまくいかないかを尋ねてください。お互いの手をとり合ってください。お互いの心を通じ合わせてください。お互いに正直に話してください。あなたたち自身に対しても正直に話してください。ひと休みしてください。時には現実逃避をしてください。あなたたち自身の体と心，精神を元気付ける必要があります。そうすることで，あなたは素晴らしい，奇妙な，でも頭がよい，でも困難のある，魅惑的で，そして時々腹立たしいこともありますが，常に大切なわが子を育て続けることができるのです。

第9章

高校卒業後の進路

　自閉症スペクトラム障害の青少年は，他の障害のある青少年と比較すると，高校や特別支援学校高等部の卒業後に就職する可能性は高くはありません。また，自閉症スペクトラム障害の青少年は，言語障害や学習障害の青少年よりもあらゆる種類の高等教育機関へ入学する可能性も低く，しかし，それは知的障害のある青少年とよく似ている部分です。高校や特別支援学校高等部を卒業してから最初の2年間に，自閉症スペクトラム障害のある青少年は，完全に離脱状態，つまり，無職や中等教育修了後のあらゆる教育を受けていない状態になる危険性が高いのです（National Institutes of Health, 2012）。

移行支援計画

　米国では，21歳に公教育を受ける権利が終わるものの，個別障害者教育法（IDEA）は，対象者が16歳になると，個別移行支援計画（ITP）の作成が開始され，その生徒のIEPの正式な一部となります。ITPの策定には，その対象となる生徒，保護者，そして，その対象となる生徒の人生について，本人が自ら決定することを連携して支援するIEPチームのメンバーが関わらなければなりません。学際的な連携が，生徒のIEPの移行の重要な部分を占めます。学校のチームは，地域の職業リハビリテーションセンターや就労支援センター，年金事

務所などの社会保障に関わる窓口，あるいは自立生活センターや障害者就業・生活支援センターのような機関と協働することがあるかもしれません。こうした機関は，学校が生徒の移行支援を適切に行うことができるように，研修の機会を設けたり，直接的サービスを行ったりします。

　IDEA は，移行サービスを，次に示すような学校から卒業後への活動への動向を促進する生徒のためのコーディネートされた一連の活動，と定義しています。

- 中等教育修了後の教育
- 職業訓練
- 統合雇用（支援型雇用も含む）
- 継続教育・成人教育
- 成人への支援サービス
- 自立生活
- 地域・コミュニティへの参加

　この ITP は，IEP で示された特定の領域として書かれているかもしれませんし，学校関係者や保護者による同意の上で，独立した書式として書かれているかもしれませんが，この計画には以下の内容が含まれていなければなりません。

- 自閉症スペクトラム障害の対象者の個々のニーズや好み，スキルに基づいて記述されている。
- 高校や特別支援学校高等部卒業後の生活についても言及されており，卒業前に何を獲得するべきか，といった記述に限定されていない。
- 長期目標と，それぞれの目標に対するコーディネートされた具体的な教育活動が記載されている基本計画が含まれている。
- 卒業後の生活に向けてとるべきアクションが積極的に促されている。

時に，最も実行が困難なことかもしれませんが，とにかく始めてみることが大切です．高校や特別支援学校高等部からの移行について考えるとき，議論のためのきっかけとしての役割を果たす質問リストによって，その過程を開始することの手助けになります．

- わが子は何をすることが好きなのか？
- わが子は何ができるのか？
- わが子は何を（どこを）伸ばす必要があるのか？
- 目標に到達するには何を学ぶ必要があるのか？
- 大学（4年生や短期大学）や専門学校，職業訓練校，その他成人教育を行う教育機関への進学の可能性はあるか？
- 就職（一般就労あるいは福祉教育）を考えてみてはどうか？
- わが子が職探しや職業訓練を受けるにはどこへ行ったらよいのか？
- わが子はどの交通機関を使うようになるのか？
- わが子はどこに住むようになるのか？
- わが子はどうやって家計をやりくりすることができるようになるのか？
- わが子は将来，どこで健康保険証を受け取ることになるのか？

　多くの人々は，成人期のことを，就職したり，特定の地域で生活したり，特定の高等教育機関に行くこととして考えていますが，友人を作ることや地域に溶け込む，地域の一員であるという自覚を持つことも同様に重要なことです．

- 友人関係はどうか？　友人関係構築のための必要な支援はあるか？
- 地域の人たちはわが子のことを知っているだろうか？
- レクリエーションやスポーツのための時間を作るための支援が必要か？
- わが子には，特に興味のあることが何かあるか？　あるいは他の人が趣味として何か紹介してくれたり，誘ってくれたりすること

はあるか？
- 教会などに行く，何らかの団体に所属する，ボランティア活動をする，といったような，社会性・社交性をはぐくむための道筋をつけることは可能か？

社会の一員になるための準備

　自閉症スペクトラム障害の人が経験でき，支援を受けながら成功を得ることができる職場や職種，雇用形態には多くの種類があります。就労を実現させるには，家族はその子どもと中学生のうちから話し合いを始める必要があります。自閉症スペクトラム障害の子どもは，早い段階からキャリアを模索する活動に参加した方がよいでしょう。保護者は，個別移行支援計画（ITP）立案のヒントや手がかりとなる本人の興味や能力について話すために，スクールカウンセラーとともに職場を訪問してもよいでしょう。スクールカウンセラーは職場での体験活動の状況や適性の評価を実施するかもしれません。この興味や能力に関する情報は，将来就くかもしれない職業についての仮決定をするために使用されます。これらの評価は，家族や生徒本人が卒業後に進学すべきか就職すべきか，あるいは両者をある程度織り交ぜた進路にすべきかを決めるための手がかりとなり得ます。

　家族は本を参照したり，キャリアフェアに参加したり，職業の興味のあることをさらに見つけるために，地域や近所の人々の知識や経験を活用することをお勧めします。それから，移行支援計画を策定したり，改訂したりするために教職員や地域の人々，就労支援に関わる機関と連携することが重要です。早期の計画によって，生徒とその家族は将来への道を見つけ，大学に入るためのコースに入って授業を受けるのか，職業専門学校なのか，興味のある職業に就く準備をするのかを決めることが可能になります。家族はまた，もし職業キャリアを身につけることに興味があるなら，高等学校で推奨されている職業プログラムを選択することも可能です。

　家族は，仕事が自分たちに求めることを生徒が直に触れて体験する

ことができる職場体験や夏期就業ボランティア，パートタイム，早期職業体験プログラムのある雇用主や会社・事業者がどこにあるかを把握しておくとよいでしょう。そうすることで，生徒とその家族は現実世界や学校における就業体験に基づいて興味や能力を再評価することができます。家族は，「この仕事はあなたにとってまだ興味がある？」などと尋ねることができます。もし興味を失ったのであれば，その後，家族，生徒，学校チームが長期目標を再立案することが可能です。

　家族，生徒，そして学校チームが継続的な職業面の評価に参加し，現状と必要とされる知識・技能のギャップを見つけることが重要です。それからそのギャップを埋めるための計画を練る必要があります。もし，生徒が職業リハビリテーションの支援を受ける適性があるなら，その生徒は興味のある分野における追加的トレーニングを行う場所を探して実施するか，確実な就業（支援就業を含む）に就くために，職業リハビリテーションカウンセラーから支援を受けることも可能です。家族，チーム，生徒はまだ彼らが住んでいる近所にある特別なプロジェクトを探したり，こうしたトレーニングや就労プログラムに参加する能力があるかどうかを調べるよう勧められます。

高等教育機関や職業訓練施設へ入学するための準備

　大学へ進学することは，家族や自閉症スペクトラム障害の生徒にとってわくわくすることでもあり，ある意味恐ろしいことでもあります。自閉症スペクトラム障害の人の中には，地元の大学に通い，実家に住むことでうまく生活している者もいます。これはあえて通学距離を置くことによって自閉症スペクトラム障害の人が経験する可能性のある不安やストレスを減少させることができます。さらに，たくさんのインターネットによる履修プログラムがあり，物理的に教室の中にいなくてもたくさんの授業を履修することが可能です。この種の授業（コース）によって，自閉症スペクトラム障害の人は，授業で取り上げられる話題にかなり集中することが可能になりますが，社会的交流を生み出しません。これは重要な長所と短所です。それぞれが，自分

にとって何がベストかを決めなければなりません。家族には，入学前にどの高等教育機関が本人にとって適切かを詳細にわたって調べておくことをお勧めします。多くの利益追求型の大学や単科大学は創立してからの歴史が浅いことが多いです。こうした大学は，学生支援のサービスをほとんど提供しませんし，必要に応じて授業やカリキュラムに本人の能力が反映されるような合理的配慮が行われません。もしあなたが中等教育後の教育を受け，就労前にトレーニングを受けようと決めるなら，これらの状況を考慮しましょう。

興味のある職業トレーニングを提供する中等教育後（大学，地域の職業専門学校における就業訓練プログラム）の教育機関を探しましょう。それらの学校や機関のWebサイトに行き，学校案内のパンフレットを見て奨学金の情報，授業料，出願方法を調べましょう。そして実際にその学校や機関を訪れましょう。そこで，特別なニーズのある個人に対して，どのような合理的配慮が重要で手助けになるかを見つけましょう。もし，その教育機関がこれらの合理的配慮を実施できるかどうかを見つけ出しましょう。ほとんどの大学は，障害支援を行う部署を持ち，大学生活のこうした面をナビゲートするための手助けをしてくれます。

生徒の学習面の懸念を記録する現在の学力評価や現行のIEPを入手しましょう。そうすることで，高等教育機関でもその情報を共有することができます。IEPは大学ではその効力を発揮しません（IEPに従わねばならないではない）が，その情報は障害支援を行う部署が必要な合理的配慮を計画するための手がかりとなります。本人が興味のある高等教育機関に入学するために必要となる試験科目が何かを調べ，それを受験するための準備をしましょう。もし今がその生徒の高校生活最後の年である場合，社会保障や福祉的サービスの対象となるかを調べるために，役所や福祉事務所等に連絡をとりましょう。

子どもが大学に入学すると，保護者の支援やアドバイスの提供の機会はかなり減ります。事実，あなたの子どもが許可しない限り，あなたとあなたの子どもについて大学教員が話をすることは，米国のガイドラインで禁止されています。このガイドラインがきちんと導入されているかを確認しましょう。そうすることであなたは，教育を施し，

あなたの子どもに支援する人を支えることができます。
　いくつかのヒントを心に留めておきましょう。

1. あなたの子どもの能力や学習スタイルに合致した初歩的な授業を選択しましょう。最初の学期は，数字を理解するのが初歩的な学生向けの数学の授業を選択する方がよいかもしれません。一方で，創造的作文の授業は，後の学期の方がより本人に合っているかもしれません。

2. もし可能なら，あなたの子どもにとってよく合うかもしれない教員・大学教員を探すためのリサーチをしましょう。授業スタイルのミスマッチは，学習者にとって得意な領域の授業であったとしてもネガティブな影響を与える可能性があります。

3. きちんと最適に学習できる授業スケジュールを選択するためにあなたの子どもを支援しましょう。朝8時開始の授業は誰にでも合うわけではありません。しかし，そのような変な時間帯に組まれた授業を受講せざるを得ない場合もあるかもしれません。きちんと卒業に向けて必要な単位を成功裏に取り終える計画を本人が作成するための手助けをしましょう。欠席が増えるとその授業の単位を取得できない最大の要因となってしまいます。

4. あなたの子どもが受講する授業科目では，良好な成績や単位を修めるために，多くの課題が出されることでしょう。子どもが自分でスケジュール帳や手帳に提出日をメモするだけでは見落としやメモ忘れがあるかもしれません。課題をいくつかに分け，本人が取り組める程度に縮小することが必須です。例えば，もし研究レポートの提出が求められたら，学生はその課題を完成させるために必要なステップをリストアップする必要があります。そして，ステップごとの完了期限を設ける必要があります。さらに自分でチェックし，スケジュール通りに作業するのはそ

の学生自身の責任です。大学教員の責任ではありません。

5. あなたの子どもが学期中のいつどのようなタイミングで補助や支援を依頼すべきかを知っておくことが必要です。大学教員として，筆者は学生が支援を求めない限り，すべてが順調であると仮定します。どうやって支援を求めるかをあなたの子どもが知っていることも重要です。効果的に授業を展開できていないことを授業担当教員に伝えることは，親密度や支援を断ち切ってしまうことにはならないでしょう。この状況を切り抜けることが可能な標準的な言い回しを練習しておくことが必要な場合もあります（○○先生，この章の内容がよく理解できません。私の質問に答えていただく時間をとっていただいてもよろしいでしょうか？）。

6. 大学の授業には，大きな社会の要素や今日的課題について取り上げられています。しばしば，なぜ他の人はそのように行動するのかについて理解し，自身を見つめ直すことができる心理学や社会学についての授業が開講されています。

7. 寮はしばしば雑然とした環境のため，住むことが困難になる可能性があります。自閉症スペクトラム障害の人は，彼らの個人スペースをシェアすることを不快に思う可能性があります。しかし，大学によっては限られた数ではありますが，単身寮を備えているところもあります。このタイプの寮は限られているので，下宿や寮についての評価，価値付けも必要になるかもしれません。

8. 寮に住む学生は，自分たちの住むスペースについてのケアや維持については自己責任であることが通例ですし，洗濯も自分でやらなければなりません。先を見て計画し，大学入学に先んじてこれらのスキルを身につけさせておきましょう。

9. 寮によっては，食事を出すところや学内食堂で食事をとる環境も用意されています。栄養上の制限のある学生は，食堂や寮，保健管理センター等に問い合わせ，わが子のニーズに合わせてもらうことが可能か，もし可能ならどのように合わせてもらえるかを把握しておくとよいでしょう。

10. 学生は，自身で金銭管理を行う責任があります。銀行口座を設けたり，預金・引き出し等のスキルも入学前に獲得しておく必要があります。もし，請求額の支払いが生活上必要になる場合は，同じ時期に定められた額を入金する支払い方法の支援も考慮に入れる必要があります。

大学進学の準備や学位取得，訓練プログラムを成功させるための生徒や家庭の手助けとなる本がたくさんあれば，アスペルガー障害やその他社会的コミュニケーションに困難のある人にとって，大学に行くことは素晴らしい機会に違いありません。インターネットで少し探してみると，このトピックに関連する本は少なくとも10冊は見つかりました。さらに，インターネットの情報源もすでにあります。しかし，すべてをインターネットに頼るには，注意が必要です。アスペルガー障害のある人にとって「分かりやすい」単科大学や大学のリストやインターネットのWebサイトがあります。「アスペルガー障害のある人に分かりやすい」という表現は主観的です。しかし，注意深く閲覧し，調べることで，その学習者のニーズに合致した高等教育機関を見つける必要があります。

対人関係

筆者は対人関係構築の専門家でもなければカウンセラーでもありません。しかし，アスペルガー障害や高機能自閉症の若者と関わる職業に就いて，これが彼らの中には大きな問題となっている1つの領域なんだと思うようになりました。以下に述べることが筆者の知ってい

ることです。人間関係作りは困難だ！　これは自閉症スペクトラム障害があろうがなかろうが関係ない！　どんな良好な関係作りでも，鍵となるのはコミュニケーション，つまり多くの人々にとって困難となり得るスキルなのです！　自閉症スペクトラム障害の人々はその日常生活上の人間関係の枠内でコミュニケーションスキル向上の練習が必要ですが，さらに重要なことに，自閉症スペクトラム障害の人々は恋愛関係を経験する前に対人コミュニケーションの原理を探り始めておく必要があります。

　男女のコミュニケーションスタイルについて造詣の深い作家であるDeborah Tannen氏は，個人的な関係性の中では，男性は問題解決をしたがり，女性は支えられたがる傾向にあります（Tannen, 1990）。例えば，女性は仕事がうまくいかなかった日に家に帰ってきて，彼女の上司が言ったコメントに腹を立てます。彼女は男性のパートナーに傷ついた気持ちを表します。男性は通常，その女性にどうすればその状況を修正できるかを述べます。するとその女性は，パートナーに怒りをあらわにします。なぜでしょう？　端的に言えば，彼女は抱きしめてもらって話を聞いてもらいたかったからです。しかし，男性の方はその問題を解決したかったのです。結局，その女性は不機嫌になってしまい，パートナーは，なぜ彼女がそうなったのか，その原因を追求しようとしているのです！

　自閉症スペクトラム障害の人をこの複雑な関係に加えましょう。そうすれば，コミュニケーションの困難が関係性を最も強くすることもあり得ます。それが成功するカップルの成立の根本になります。自閉症スペクトラム障害の人々は，プロソディ（イントネーション，強調など）の理解や使用がしばしば困難であることを覚えておきましょう。自閉症スペクトラム障害の人々のパートナーにとって言われた言葉を聞き，その話し方，言い方にはあまり注意を向けないようにすることが重要です。もし彼が怒っていないと言ったら，その伝えられたメッセージの伝え方よりも言った言葉の内容自体が正確であると受け止めましょう。

　良好な関係作りを獲得するには，彼／彼女自身を理解し，敬意を払う必要があります。以下の３つのことを理解しましょう（Attwood,

1998)。

1. 自己理解や自省は，特にアスペルガー障害の人たちには困難なことがあります。

2. 自尊感情は仲間から拒否されたり，冷やかされたり，困らされたりすることで顕著に低下するでしょう。

3. アスペルガー障害の青年または，同級生から嘘や誤った情報によってだまされやすく人間関係が崩れやすいことがあります。

これがしばしばアスペルガー障害や高機能自閉症の人たちの共通した特徴であることを知っておくことは，自閉症スペクトラム障害にある人たちを支援する立場にある人の手助けとなります。カジュアルな仲間から恋愛関係のパートナーになるまで，人間関係には軌道があります。アスペルガー障害や高機能自閉症の人は最初の出会いから（性的な）たわむれやデートまでこの軌道のすべてに困難を経験する可能性が高いでしょう。このような人間関係の進展をさせるには，アスペルガー障害のある青年は（性的な）たわむれとは何か，あるいは何が該当しないか，どうやって誰がデートをしてもよいと思ってくれているかを判断するか，そして関係性の枠組みをどうやって作るかを理解する必要があります。

大学生のためのソーシャルスキルグループを主催するとき，筆者はある学生がある人をデートにどうやって誘えばよいのか教えてほしいという依頼を受けたことがあります。筆者はアスペルガー障害の人が他人の興味をどうやってうまく推し量ることができるだろうか，といつも心配でした。アスペルガー障害の人たちは，他人の意思を正確に読み取ることが難しい場合があります。かつて筆者は，日常的に誰が彼女に話しかけてくれるのかによって興味を推し量っていた若い女性を支援したことがあります。彼女は，親切を根拠のない恋愛レベルの関係のシグナルであるとしばしば誤解しました。筆者は彼女とともに，これまでに好きになった人たちがどんな人たちだったのかについて話

し合いをすることで，彼女が恋愛について学習していく支援をしました。筆者は，図書館，食堂，教室を含むキャンパス内の様々な場所を使った筋書きを作り，ロールプレイをしました。

アスペルガー障害の人たちの多くが，人間関係作りのスキルに問題を抱えているものの，このような成人の中には，この関係の連続性が進展し，ロマンティックな深い人間関係を経験することができる人もいます。これには，両者が相手の人のどこに魅力を感じたかを理解しておくことが求められます。もし，あなたが相手のどこに興味を持ったかを理解できていれば，この人間関係の道のりで起こり得る困難やでこぼこに立ち向かうことがより楽になります。

視覚的なストラテジーはアスペルガー障害の人に効果的です。以下に，よい人間関係作りのための視覚的支援を使ったアイデアを紹介します。パートナー関係にある双方が，以下に挙げたタスクを行わなければなりません。

- あなたのパートナーについて最も魅力を感じることを3～5つ書き留めましょう。
- あなたのパートナーを支えるために，やってみようと思うことを3～5つ書き留めましょう。
- あなたのパートナーに支えてもらうためにやってもらいたいと思うことを3～5つ書き留めましょう。
- お互いの書き留めたリストを見せ合い，リストアップされた事項についてどう答えるかに限定して話し合いましょう。
- 毎日見ることができる場所に，あなたが最も好きな事項のリストを貼っておきましょう。
- リストの中からパートナーに最もやってほしいことを1つ選びましょう。それぞれが1つを選び，その事項について1週間取り組みましょう。
- ミーティングをして，どの事項がうまくいって，どれがうまくいかなかったのかを確認しましょう。
- このプロセスを繰り返しましょう！

筆者の信念

　筆者は，就労したいと思うどの生徒（学生）にも，そのチャンスはあると信じます。また，入学資格を満たし，大学へ行きたいと思う人は，誰でもそのチャンスはあると信じます。筆者は，誰にとっても恋愛関係というものは難しいと信じます。しかしその困難の理由は人によって様々です。

取り組んでみましょう

1. 大学へ行った経験のある(あるいは現役大学生の)アスペルガー障害の人にインタビューをしてみましょう。
2. あなたの将来に向けた努力の方向付けの手がかりとなるあなたの興味や能力をリストアップしましょう。

付録A　保護者が利用できる情報源

【推薦図書　保護者向けの本】

◆ コミック会話　自閉症など発達障害がある子のためのコミュニケーション支援法
キャロル・グレイ（著）　門　眞一郎（訳）　明石書店　2005

◆ 家庭と地域でできる　自閉症とアスペルガー症候群の子どもへの視覚的支援
ジェニファー・L・サブナー，ブレンダ・スミス・マイルズ（著），門　眞一郎（訳）　明石書店　2006

◆ はじめの一歩──自閉症の子どもたち，幼児期からの療育と援助
新澤伸子（著）　社会福祉法人横浜やまびこの里　1999
申し込み先：http://www.yamabikonosato.jp/publish.html　または
〒224-0024　横浜市都筑区東山田町270　社会福祉法人　横浜やまびこの里　書籍担当　TEL：045-591-2728　FAX：045-591-2768

◆ 自閉症スペクトラムの子どもとの家庭でのコミュニケーション──言葉の前の段階から2～3語文レベルまで
東川　健・東川早苗（著）　エスコアール　2007

◆ 自閉症児の療育シリーズ1　たのしく身につける毎日の生活習慣
武蔵野東教育センター（編）　2004
申し込み先：http://www.musashino-higashi.org/books.htm　または
〒180-0012　東京都武蔵野市緑町2-1-10　武蔵野東学園事務局
TEL：0422-52-2211　FAX：0422-53-1090

◆ 発達障がいと子育てを考える本1　はじめてみよう　からだの療育
日原信彦・中山　修（監修）　ミネルヴァ書房　2010

◆ 発達障がいと子育てを考える本2　はじめてみよう　ことばの療育
佐竹恒夫・東川　健（監修）　ミネルヴァ書房　2010

◆ 発達障がいと子育てを考える本3　はじめてみよう　て・ゆびの療育
日原信彦・中山　修（監修）　ミネルヴァ書房　2010

◆ 発達障がいと子育てを考える本4　はじめてみよう　きく・みる・かんじるの療育
内山登紀夫（監修）　中山　修（編）　ミネルヴァ書房　2010

【推薦図書　先生に紹介したい本】

◆ 特別支援教育　はじめのいっぽ！
井上賞子・杉本陽子（著）　小林倫代（監修）　学研　2008

◆ 新しい発達と障害を考える本1　もっと知りたい！　自閉症のおともだち
内山登紀夫（監修）　伊藤久美（編）　ミネルヴァ書房　2013

◆ 新しい発達と障害を考える本2　もっと知りたい！　アスペルガー症候群のおともだち
内山登紀夫（監修）　伊藤久美（編）　ミネルヴァ書房　2013

◆ アクロニムで覚える自閉症とアスペルガー障害の対応の違い
仁平説子・仁平義明（著）　ブレーン出版　2006

◆ すぐに役立つ自閉症児の特別支援Q&Aマニュアル　通常の学級の先生方のために
廣瀬由美子・東條吉邦・加藤哲文（著）　東京書籍　2004

◆ 問題行動のアセスメント
メリーアン・デムチャック，カレン・W・ボサート（著）　三田地真実（訳）　学苑社　2004

◆ 選択機会を拡げるチョイス・アレンジメントの工夫
リンダ・M・バンバラ，フレヤ・クガー（著）　三田地真実（訳）　学苑社　2005

【専門機関・相談機関】

◆ 国立特別支援教育総合研究所　発達障害教育情報センター
　Web サイト：http://icedd.nise.go.jp/　＞　教育相談に関する情報が知りたい　＞　身近な相談機関について
　発達障害の子ども・保護者，または学校の先生の相談を受けている公的な教育相談機関（各都道府県，政令指定都市の教育センター・特別支援教育センターや区市町村教育委員会等）を紹介しています。
　問い合わせ先メールアドレス：r-center@nise.go.jp

◆ 社団法人 日本自閉症協会
　Web サイト：http://www.autism.or.jp/　＞　組織情報　＞　都道府県・政令指定都市自閉症協会
　各都道府県，政令指定都市にある日本自閉症協会支部の所在地，電話番号，ホームページを紹介しています。
　〒104-0044　東京都中央区明石町 6-22 築地 622
　電話：03-3545-3380　Fax：03-3545-3381　相談専用：03-3545-3382

◆ 発達障害情報センター(国立障害者リハビリテーションセンター内)
　Web サイト：http://www.rehab.go.jp/ddis/　＞　相談窓口の情報　＞　発達障害者支援センター・一覧
　発達障害児（者）への支援を総合的に行うことを目的とした専門的機関である，各地の発達障害者支援センターを紹介しています。
　問い合わせ先 FAX：04-2995-3137

◆ 厚生労働省
　Web サイト：http://www.mhlw.go.jp/index.shtml　＞　窓口一覧　＞　子どもに関する相談（平成 22 年度全国児童相談所一覧）
　18 歳未満の子どもに関する様々な相談に応じる，全国の児童相談所の所在地，電話番号を紹介しています。
　〒100-8916　東京都千代田区霞が関 1-2-2
　電話：03-5253-1111（代表）（平日 18 時まで）

付録B　保護者のための基本用語

◆ あ

IEP：Individualized Education Program（個別指導計画）
　公立学校で特別な教育サービスを受けている3歳から21歳までのすべての子どもについて，連邦法によって作成を義務付けられている文書である，個別教育プログラムのことを言います。プログラムを作るにあたっては，保護者の参加が必要となります。

IFSP：Individualized Family Service Plan（個別家族支援計画）
　特別な教育サービスを受けている0歳から3歳までの子どもについて，連邦法によって作成を義務付けられている文書である，個別家族支援計画のことを指します。

IDEA：Individuals with Disabilities Education Act（個別障害者教育法）
　0歳から21歳までの子どもたちに，特別な教育サービスを保障している連邦法。

アスペルガー障害（Asperger Syndrome）
　自閉症スペクトラム障害と関連した，その類縁の障害と考えられる障害。社会性の障害によって診断されますが，認知や言語の障害は目立ちません。語用論としても知られる，コミュニケーションに大きく影響する社会的なルールの理解や使用に著しい困難を示します。社会性の障害が顕著です。小学校高学年になるまで診断されなかったり，幼児期には特定不能の広汎性発達障害（PDD-NOS）と言われたりすることも時々あります。

アセスメント
　評価のために，様々な状況で種々の情報源から時間をかけて情報を集める過程。診断を目的としたり，指導経過中の進み具合をモニターしたりするために行われます。

アチーブメントテスト
　読み，書き，計算や，その他の学力を測るためのテスト。

移行

ある活動から別の活動，ある場所から別の場所，ある場面から別の場面へと移ること。ある活動をやめて次の活動に移ったり，ある場所から他の場所に移動したりするのが，自閉症スペクトラム障害の人にはとても難しいことが多いです。子どもが幼稚園から小学校に上がるような場合を指すこともあります。

インクルージョン

定型発達の子どもたちがいる通常の学級に障害のある子どもも在籍し，互いの違いを認め合いながら共に学び合う環境のこと。

運動スキル

微細運動と粗大運動の2種類に分かれます。微細運動は，字を書く，絵を描く，服を着るなど，小さい筋肉の正確な協調が必要なスキルのことを言います。粗大運動スキルは，歩く，走る，受け取る，投げるなど，より大きな筋肉群を使う運動を指します。

エコラリア（反響言語）

他人の言葉や語句，文章などを繰り返すこと。ある人のイントネーション，抑揚，アクセントなどを真似ることも含みます。即時（人が話した直後の），遅延（数分またはそれ以上後の），不完全（おそらく1語が変わった以外は，同じ発言の）などの区別があります。

NCLB：No Child Left Behind Act（落ちこぼれ防止法）

読解力の向上に重点を置き，学校の説明責任に焦点を当てた2001年可決の初等中等教育法。2015年12月には，新たな初等中等教育法であるESSA: Every Student Succeeds Act（全児童生徒成功法）が可決された。

LEA：Local Education Agency（地方教育委員会）

郡や市，区などの学校制度に関わる行政機関。

応用行動分析

オペラント条件付けの原理に基づいて，行動の観察，行動の機能の分析，行動を修正するための指導の実施を行う技法。実際には互換性のある用語ではありませんが，ABA，DTT，ロバースアプローチなどとしても知られています。

言語聴覚療法／言語聴覚士

発話（音の産出），言語（単語，語句，文章），コミュニケーションの発

達に焦点を当てた指導。拡大・代替コミュニケーション（AAC）の利用とともに、吃音・構音障害、言語発達遅滞あるいは言語障害なども含みます。米国では、ほとんどの州で、修士以上の学位、国家試験を通過し、臨床経験を積んだ上で授与される米国音声言語聴覚協会（ASHA）の認定資格、州の認定免許状が必要とされています。なお、米国では言語療法士（CCC-SLP）と聴覚士（CCC-A）では資格が異なりますが、本書では日本の資格名称である「言語聴覚士」を訳語に当てています。

◆ か

拡大・代替コミュニケーション（AAC）

言語的なコミュニケーションを促進したり、それに取って代わるために用いられたりする方法。絵を使うシステム、音声出力機器、コンピュータを使ったテクノロジー、サインや身振りによるシステムなど様々なものがあります。

共同注意／共同行為（ルーティン）

子どもと大人の注意を、お互いや同じ事物、活動に向けること。自閉症スペクトラム障害の子どもが獲得する必要のある、大変重要なスキル。生後6か月以降の自閉症スペクトラム障害の子どもには、しばしば見られないことがあります。

グリーンスパン・モデル

フロアタイムやDIR（Developmental, Individual-Difference, Relationship-based：発達段階と個人差を考慮に入れた、相互関係に基づくアプローチ）としても知られています。

言語

どのように音が組み合わされて単語になり、単語が分類され、語句や文章へと構成されるのかを決定しているルールのセット。2人の人が、会話の文脈でどのように相互作用するのかについてのルールも含んでいます。また、人が物語や語りを作り出す方法にも関係しています。
受容言語 ── 理解すること
表出言語 ── 話したり表現したりすること

高機能自閉症（HFA）

IQが85以上の自閉症スペクトラム障害の子どもや成人。DSM-Ⅳの正式な診断カテゴリーではありません。アスペルガー障害と同じものかどうかについては異なる見解があります。アスペルガー障害の人たちは他人との違いに気づいているのに対して、HFAの人たちは気づいていないよ

うだという，エピソードに基づいた報告もあります。

行動
人々が行う悪事ではなく，いいことも悪いことも，生物が行うすべてのことを指します。行動は，コミュニケーション，社会性，運動などの観点から分類することができます。

行動分析士
行動をアセスメントして，それに基づく指導法を開発して実施する，訓練を受けた専門家。

広汎性発達障害（PDD）
認知，コミュニケーション，社会性及び運動スキルの獲得に影響を及ぼす発達障害。DSM-IVでは，自閉症スペクトラム障害，アスペルガー障害，レット症候群，小児期崩壊性障害，特定不能の広汎性発達障害（PDD-NOS）を含んだ包括的用語。

コミュニケーション
発話及び言語スキルを用いて，情報を統合，伝達，処理すること。情報をやりとりするためにそれらを使うことや，社会的な文脈で用いることも含みます。

◆ さ

LRE：Least Restrictive Environment（最少制約環境）
最少限の制約で，最善の学習成果が得られるような教育の場。おそらく通常の学級ですが，そうでない場合もあるでしょう。単一の種類しかないLREはありません。

サヴァン症候群
教えられたものではなく，その人が生まれながらに持っている，並はずれたスキルや能力。すべての自閉症スペクトラム障害の人に，この能力があるわけではありません。

作業療法／作業療法士
服を着る，字を書く，絵を描く，食事をするなどの微細運動スキルの発達に焦点を当てた指導法。作業療法士は学士以上の学位を持っており，認定を受けるための国家試験に合格しています。ほとんどの州で，免許状の所有が必要とされています。

視覚的な雑音
　必要な視覚的支援を用いた働きかけを妨げることがある，環境内の「がらくた」。

視覚的な支援方法
　自閉症スペクトラム障害の人を手助けし，支援するための視覚的な手段を総称したものを指します。スケジュール，カレンダー，手がかりカード，ストーリー，AAC（拡大・代替コミュニケーション）などの視覚的支援のタイプがあります。スケジュールのように情報の入力を支援するものや，AACシステムのように出力を手助けするものがあります。

視覚的なスケジュール
　段階，作業，物事の順序を，視覚的なやり方で示すシステム。実物，写真，絵，シンボルなどが，物事が起きる順序を示すために使われます。大人の持ち物で言えば，手帳や携帯情報端末に相当します。スケジュールは，次に何が起きるのかという不安を減らすことで，移行しやすくします。

自傷行動
　重度の自閉症スペクトラム障害の人に見られる，自分の顔や体を引っかく，叩く，頭を打ちつけるなどの行動。

実用性（機能性）
　教えられたり指導されたりしたスキルや役割が，その人の日常生活で役に立つこと。

指導
　治療やセラピーと同義語。ある発達領域を改善するための手続きと目標のセット。教育場面において使用されることが多い用語です。

自閉症（Autism）
　認知障害と同時に，コミュニケーションや社会的相互作用の困難さによって特徴付けられる発達障害。感覚的反応の異常，場面が変わることによる混乱，決まった習慣や行動への固執，運動や行動の反復などの症状が見られます。症状は出生後から見られますが，1歳半から3歳の間に目立つようになります。

自閉症スペクトラム障害（Autism Spectrum Disorder: ASD）
　DSM-5で採用された診断カテゴリーで，従来の自閉症，アスペルガー障害，特定不能の広汎性発達障害（PDD-NOS），小児期崩壊性障害等を含

む発達障害の一群を指す用語。

社会的スキル

様々な文脈で，他人と会話したり，集団内で関わったりする能力。アイコンタクト，物理的近接，役割交代，話題の提供，会話の維持などのスキルを含みます。素早く状況を読んで，それに応じて反応する力も含まれます。

証拠に基づく実践

実証的研究による検証を受けた指導方法を指します。指導実践の効果があるという主張は，データによって裏付けられるべきです。

神経内科医

脊髄，脳幹，小脳，左右大脳半球を含む中枢神経系の構造や機能を専門とする医療の専門家。

診断

指導計画の立案に役立つ適切なラベルをつけるために，検査や観察などによって情報を集めること。教育の場面では，効果的な指導計画を立てるために，いくつかの学校で用いられる非医学的なラベルを，医療の場面では，効果的な治療計画立案のために行われる一連の手順のことを指します。

心理学者

人間の行動を研究する専門家。一般に，学位，認定証，免許状が必要です。児童，臨床，教育，発達，組織などの専門領域があります。通常，薬の処方はしません。

心理検査

記憶，問題解決，適応能力などの認知，適応スキルを測るための評価ツール。従来の検査は，実施する際に言語能力を必要とします。非言語的な能力を測定する検査もあります。

ステレオタイプ行動

手をぱたぱたさせる，体を揺する，グルグル回る，ハミングするなどの自己刺激行動。子どもが自分自身のために行います。

精神科医

精神保健領域の評価と治療について訓練を受けた医療の専門家。診断の

ための検査を指示したり，薬を処方したりすることができます。

積極的行動支援（PBS）
状況，きっかけ，行動の機能を分析することで，問題行動を防ぐこと。問題行動に対応するための予防的アプローチ。

セラピー
治療や指導と同義語。ある発達領域を改善するための手続きと目標のセット。

先行条件
反応に先行する事象や出来事。問題行動の場合には，その行動のきっかけになる事象や出来事を言います。

早期教育
3歳前から始められ，長期予後を改善することが実証されている指導。早期の発見と診断が，発達の遅れを軽減させるための指導サービスにつながります。

ソーシャルストーリー
社会的スキルの指導を目的とした，ある特定の指導方法の商標名。ソーシャルスクリプト，ソーシャルダイアログなどのバリエーションも含みます。

◆ た

チーム
特別なニーズのある子どもたちの評価と指導を行う専門家グループ。各専門家がそれぞれ自分の職務だけを別個に行うタイプ，専門家同士が子どもの情報を共有するタイプ，多領域にまたがる職務を委任された代表者が，統一された支援を提供するタイプなどがある。

知覚
諸感覚や，感覚を通して情報を処理することを指します。感覚には，視覚，聴覚，触覚，味覚，嗅覚があります。空間内での身体意識や固有感覚なども含まれます。

知的障害（精神遅滞）
認知，知的機能，適応スキルの障害。IQの得点が70以下であれば，知

的障害が示唆されます。自閉症スペクトラム障害と重複することがあります。

治療
セラピーや指導と同義語。ある発達領域を改善するための手続きと目標のセット。医療場面において使用されることが多い用語です。

TEACCH
自閉症スペクトラム障害の子どもたちを教育するためのモデルとカリキュラム。

DSM-5
精神障害の診断と統計マニュアルの最新版。改訂は広範囲にわたり，診断としてのアスペルガー障害の除外を含みます。アスペルガー障害の人々の一部を包含する，社会的（語用論的）コミュニケーション障害と呼ばれる新しい障害が加わりました。

DSM-IV
障害や疾患の診断のために，専門家が使うマニュアル。「精神障害の診断と統計マニュアル 第4版」のアクロニム（単語の頭文字をつなぎ合わせた略語）です。

ディスクリート・トライアル・トレーニング（DTT:離散試行型指導法）
ロバースによって考案された指導法。課題が複数のステップに分けられ，子どもは各ステップで反復練習または試行によって指導されます。ロバースアプローチや，時にはABAと呼ばれることもありますが，本当は，これらは互換性のある用語ではありません。

適応スキル
日常生活をうまく送るために必要なスキル。

手添え
大人が子どもの手の上に手を置いて，ある行動や動作，作業などを指導する方法。

頭囲
予測可能なパターンに従う，頭蓋の大きさ。自閉症スペクトラム障害の子どもたちは，乳幼児期に大きな頭囲を示すことがあります。

特定不能の広汎性発達障害（PDD-NOS）
子どもが，PDDの下位分類の，どの障害の診断基準も満たさない場合にPDD-NOSが用いられます。後に，高機能自閉症やアスペルガー障害と診断される可能性があります。

◆ な

認知
思考，注意，記憶，問題解決能力のこと。知能テストが測定していると称しているもの。情報を取り入れて，それを処理・貯蔵し，反応する脳の働きのことを言います。

年齢に応じた
暦年齢(実際の年齢)や発達年齢(発達レベルに基づく推定値)を指します。

◆ は

発達の遅れ
ほぼ同年齢の子どもよりもスキルの発達が遅れていること。発達指標とは，遅れの程度を測るために用いられる年齢指標のことです。

発話
言葉を構成するために，組み合わせた音を産出することを目的とした唇，歯，舌の協調。

般化
ある文脈や環境で学習したスキルを，別の文脈や環境で示すこと。自閉症スペクトラム障害の人たちには大変難しいことです。

病因
病気や障害の原因。自閉症スペクトラム障害の原因は，1つではありません。

FAPE：Free Appropriate Public Education（無償かつ適切な公教育）
米国の個別障害者教育法（IDEA）が，「最少制約環境」とともに，0歳から21歳までの障害のあるすべての子どもに保障している権利。キーワードは「適切な」で，学校は，一人ひとりの子どもの固有のニーズに応じたサービスを提供しなければならないということです。

フロアタイム

GreenspanとWiederによって開発された指導法の通称。DIR(Developmental, Individual Difference, Relationship-based：発達段階と個人差を考慮に入れた, 相互関係に基づくアプローチ)モデルとしても知られています。グリーンスパン・モデルと呼ばれることもあります。

プロンプト

正反応が起きる確率を高める補助的な刺激。

◆ ま

メルトダウン

情報が多過ぎる, ストレスや刺激が強過ぎるなどの過剰な負荷により, 突然感情がダウンすること。パニックと同義。

◆ ら

理学療法／理学療法士

歩く, 走る, 受け取る, 投げるなどの粗大運動スキルの発達に焦点を当てた指導法。理学療法士は学士以上の学位を持っており, 米国内で開業するための免許状を持っています。

レスパイトケア

特別なニーズのある子どもから離れ, 自分のために費やす時間を保護者に提供するための支援。

ロバースアプローチ

ディスクリート・トライアル・トレーニング（DTT）を参照してください。

付録C 自閉症スペクトラム障害とアスペルガー障害のためのスクリーニング，診断，評価ツール

検査	年齢範囲	主要領域	評価形式
自閉症スペクトラム障害の移行アセスメントプロフィール（TTAP）	青年期～成人期	・職業スキル ・職業行動 ・自立機能 ・余暇スキル ・機能的コミュニケーション ・対人行動	フォーマル及びインフォーマルアセスメント
乳幼児期自閉症チェックリスト 修正版（M-CHAT）	18か月～2歳	幼児期の自閉症スクリーニングツールとして開発	保護者記入式の質問紙
自閉症診断観察検査 第2版（ADOS-2）	15か月～40歳	・コミュニケーション ・社会的な相互性 ・想像遊びのスキル ・実施者は2日間の講習会に参加しなければならない	遊び場面の行動観察
自閉症診断面接改訂版（ADI-R）	精神年齢2歳以上	自閉症と知的障害の鑑別	保護者インタビュー
小児自閉症評定尺度（CARS）	2歳以上	自閉症と知的障害の鑑別	標準化された評価
自閉症・発達障害児教育診断検査 三訂版（PEP-3）	発達年齢1～7歳 生活年齢1～12歳	・コミュニケーション ・運動スキル ・身辺自立 ・適応行動 ・養育者レポート	標準化された評価 観察による評価

行動の動機付けアセスメント尺度(MAS)	全年齢	・注目 ・物や活動の要求 ・逃避 ・感覚フィードバック	インタビュー・観察による評価
広汎性発達障害日本自閉症協会評定尺度(PARS)	幼児期〜成人期	広汎性発達障害特性の判定	保護者インタビュー
青年・成人感覚プロフィール(AASP)	11〜82歳	・感覚処理	質問紙
感覚プロフィール(SP)	3〜82歳	・感覚処理	質問紙
乳幼児感覚プロフィール(ITSP)	0〜36か月	・感覚処理	質問紙
対人コミュニケーション質問紙(SCQ)日本語版	4歳以上	・行動	質問紙

引用・参考文献

〔　〕は邦訳が出版されている文献を参照

Abelson, A. G. (1999). Respite care needs of parents of children with developmental disabilities. *Focus on Autism and Other developmental Disabilities, 14*(2), 96–101.

Adams, L. (1998). Oral-motor and motor-speech characteristics of children with autism. *Focus on Autism and Other Developmental Disabilities, 13*(2), 108–113.

Adams, L. (2005). *Group treatment for Asperger syndrome: A social skill curriculum.* San Diego, CA: Plural.

Adams, L. (2007). *Autism and Asperger syndrome: Busting the myths.* San Diego, CA: Plural.

Adams, L., & Conn, S. (1997) Nutrition and its relationship to autism. *Focus on Autism and Other Developmental Disabilities, 12*(1), 53–58.

Adams, L., Gouvousis, A., VanLue, M., & Waldron, C. (2004). Social story intervention: Improving communication skills in a child with Autism Spectrum Disorder. *Focus on Autism and Other Developmental Disabilities, 19*(2), 87–94.

American Academy of Pediatrics. (2001). Technical report: The pediatrician's role in the diagnosis and management of autistic spectrum disorder. *Pediatrics, 107,* 1221–1226.

American Psychiatric Association. (2000). *Diagnostic and statistical manual of mental disorders* (4th ed., Text rev.) Washington, DC: Author.

American Psychiatric Association. (2012a). *Autism spectrum disorders.* Retrieved from http://www.dsm5.org/ProposedRevision/Pages/proposedrevision.aspx?rid=94

American Psychiatric Association. (2012b). *Social communication disorder.* Retrieved from http://www.dsm5.org/ProposedRevision/Pages/proposedrevision.aspx?rid=489

American Speech-Language-Hearing Association. (2006). *Guidelines for speech-language pathologists in diagnosis, assessment, and treatment for autism spectrum disorders across the life span.* Retrieved from http://www.asha.org/members/deskref-journal/ deskref/default

Aspy, R., & Grossman, B. (2007). *The Ziggurat model: A framework for designing interventions for individuals with autism and Asperger syndrome.* Shawnee Mission, KS: Autism Asperger Publishing.

Attwood, T. (1998). *Asperger's syndrome: A guide for parents and professionals*. London, UK: Jessica Kingsley.

Bach, J. (2005). Infections and autoimmune diseases. *Journal of Autoimmunity, 25*, 74–80.

Bagenholm, A., & Gillberg, C. (1991). Psychosocial effects on siblings of children with autism and mental retardation: A population-based study. *Journal of Mental Deficiency Research, 35*, 291–307.

Bagnato, S. J., Neisworth, J. T., Salvia, J. J., & Hunt, F. M. (1999). *Temperament and Atypical Behavior Scale (TABS): Early childhood indicators of developmental dysfunction*. Baltimore, MD: Paul H. Brookes.

Barnhill, G., Hagiwara, T., Myles, B., Simpson, R., Brick, M., & Griswold, D. (2000). Parent, teacher and self report of problems and adaptive behaviors in children and adolescents with Asperger syndrome. *Diagnostique, 25*, 147–167.

Baron-Cohen, S. (1990). Autism: A specific cognitive disorder of "mindblindness." *International Review of Psychiatry, 2*, 81–90.

Baron-Cohen, S., Allen, J., & Gillberg, C. (1992). Can autism be detected at 18 months? The needle, the haystack, and the CHAT. *British Journal of Psychiatry, 161*, 839–843.

Baron-Cohen, S., O'Riordan, M., Stone, V., Jones, R., & Palisted, K. (1999). Recognition of faux pas by normally developing children and children with Asperger syndrome or high functioning autism. *Journal of Autism and Developmental Disorders, 29*(5), 407–418.

Baron-Cohen, S., & Swettenham, J. (1997). Theory of mind in autism: Its relationship to executive function and central coherence. In D. Cohen & F. Volkmar (Eds.), *Handbook of autism and pervasive developmental disorders* (2nd ed., pp. 880–893). Oxford, UK: John Wiley & Sons.

Baron-Cohen, S., Tager-Flusberg, H., & Cohen, D. (1993). *Understanding other minds: Perspective from autism*. Oxford, UK: Oxford University Press.

Barry, L., & Burlew, S. (2004). Using social stories to teach choice and play skills to children with autism. *Focus on Autism and Other Developmental Disabilities, 19*, 45–51.

Barthélémy, S., Roux, S., Adrien, J. L., Hameury, L., Guérin, B., Garreau, M., . . . Lelord, G.(1997). Validation of the Revised Behavior Summarized Evaluation Scale. *Journal of Autism and Developmental Disorders, 27*, 139–153.

Beckman, P. (2002). *Strategy Instruction (ERIC digest)*. Retrieved from http://www.eric.facility.net/ericdigests/ed474302.html

Benayed, R., Gharani, N., Rossman, I., Mancuso, V., Lazar, G., Kamdar, S., . . . Millonig, J.H. (2005). Support for the homeobox transcription factor gene ENGRAILED 2 as an autism spectrum disorder susceptibility locus. *American Journal of Human Genetics, 77*, 851–868.

Bernard-Opitz, V., Sriram, N., & Nakhoda-Sapuan, S. (2001). Enhancing social problem solving in children with autism and normal children through computer-assisted instruction. *Journal of Autism and Developmental Disorders, 31*(4), 377–384.

Blankenship, K. (2000). *Theory of mind and children with learning disabilities.* (Unpublished master's thesis). Radford University, Radford, VA.

Bondy, A., & Frost, L. (1994). The Picture Exchange System. *Focus on Autistic Behavior, 9*(3), 1–19.

Booth, R., Charlton, R., Hughes, C., & Happe, F. (2003). Disentangling weak coherence and executive dysfunction: Planning drawing in autism and attention deficit/hyperactivity disorder. In U. Frith & E. Hill (Eds.), *Autism: Mind and brain* (pp. 211–223). New York, NY: Oxford University Press.

Bracken, B., & McCallum, S. (2002). *Universal Nonverbal Intelligence Test.* Rolling Meadows, IL: Riverside.

Brady, N. (2000). Improved comprehension of object names following voice output communication aid use: Two case studies. *Augmentative and Alternative Communication, 16*, 197–204.

Brigham, N., Yoder, P., Jarzynka, M., & Tapp, J. (2010). The sequential relationship between parent attentional cues and sustained attention to objects in young children with autism. *Journal of Autism and Developmental disorders, 40*(2), 200–208.

Brown, C., & Dunn, W. (2002). *Adolescent/Adult Sensory Profile.* San Antonio, TX: Harcourt Assessment.

Brown, F., & Bambara, L. (1999). Special series on interventions for young children with autism. *Journal of the Association of Persons with Severe Handicaps, 24*, 131–132.

Brown, L., Sherbenou, R., & Johnsen, S. (2000). *Test of Nonverbal Intelligence* (3rd ed.). Minneapolis, MN: AGS.

Bryson, S. E. (1997). Epidemiology of autism: Overview and issues outstanding. In D. J. Cohen & F. R. Volkmar (Eds.), *Handbook of autism and pervasive developmental disorders* (2nd ed., pp. 41–46). New York, NY: John Wiley & Sons.

Burnett, C., Mundy, P., Myer, J. A., Sutton, S., Vaughan, A., & Charak, D. (2005). Weak central coherence and its relations to theory of mind and anxiety in autism. *Journal of Autism and Developmental Disorders, 35*(1), 63–73.

Campbell, D., Sutcliffe, J., Ebert, P., Militerni, R., Bravaccio, C., Trillo, S., . . . Levitt, P. (2006). A genetic variant that disrupts MET transcription is associated with autism. *Proceedings of the National Academy of Sciences, 103*(45), 16834–16839.

Case-Smith, J., & Bryan, T. (1999). The effects of occupational therapy with sensory integration emphasis on preschool-age children with autism. *American Journal of Occupational Therapy, 53*, 489–497.

Carlson, J., Hagiwara, T., & Quinn, C. (1998). Assessment of students with autism. In R. L. Simpson & B. S. Myles (Eds.), *Educating children and youth with autism: Strategies for effective practice* (pp. 25–54). Austin, TX: Pro-Ed.

Carrow-Woolfolk, E. (1999) *Test for Auditory Comprehension of Language-3*. Austin, TX: Pro-Ed.

Centers for Disease Control and Prevention. (n.d.). *New data on Autism Spectrum Disorders*. Retrieved from http://www.cdc.gov/Features/CountingAutism

Charlop-Christy, M., Carpenter, M., Le Blanc, L., & Kellet, K. (2002). Using the Picture Exchange Communication System (PECS) with children with autism: Assessment of PECS acquisition, speech, social communicative behavior, and problem behavior. *Journal of Applied Behavior Analysis, 35*, 213–231.

Courchesne, E., Akshoomoff, N., Egaas, B., Lincoln, A., Saitoh, O., Schreibman, L., . . . Lau, L. (1994). Role of cerebellar and parietal dysfunction in the social and cognitive deficits in patients with infantile autism. In Autism Society of America (Ed.), *Autism Society of America Conference Proceedings, 1994* (pp. 19–21). Arlington, TX: Future Education.

Croen, L., Najjar, D., Ray, G., Lotspeich, L., & Bernal, P. (2006). A comparison of health care utilization and costs of children with and without autism spectrum disorders in a large group-model health plan. *Pediatrics, 118*(4), 1203–1211.

Davis, N.O., & Carter, A. (2008). Parenting stress in mothers and fathers of toddlers with autism spectrum disorders: Associations with child characteristics. *Journal of Autism and Developmental Disorder, 38*(1), 1278–1291.

Dawson, G., & Watling, R. (2000). Interventions to facilitate auditory, visual and motor integration in autism: A review of the evidence. *Journal of Autism and Developmental Disorders, 30*, 415–421.

[3] Delacato, C. (1974). *The ultimate stranger: The autistic child*. Novato, CA: Arena Press.

Downing, J. (1990). Contingency contracts: A step-by-step format. *Intervention in School and Clinic, 26*, 111–113.

Duffy, M., Jones, J., & Thomas, S. (1999). Using portfolios to foster independent thinking. *Intervention in School and Clinic, 35*, 34–37.

Dunlap, G., dePerczel, M., Clarke, S., Wilson, D., Wright, S. White, R., & Gomez, A. (1994). Choice making to promote adaptive behavior for students with emotional and behavioral challenges. *Journal of Applied Behavior Analysis, 27*, 505–518.

[4] Dunn, W. (1999). *Sensory Profile*. San Antonio, TX: Harcourt Assessment.

[5] Dunn, W. (2002). *Infant/Toddler Sensory Profile*. San Antonio, TX: Harcourt Assessment.

Durand, C., Betancur,C., Boeckers, T., Bockmann, J., Chaste, P., Fauchereau, F., . . . Bourgeron, T. (2007). Mutations in the gene encoding the synaptic scaffolding protein SHANK3 are associated with autism spectrum disorders. *National Genetics, 39*(1), 25–27.

Durand, V. M., & Crimmins, D. (1992). *Motivation Assessment Scale (MAS).* Topeka, KS: Monaco and Associates.

Ehlers, S., & Gillberg, C. (1999). A screening questionnaire for Asperger syndrome and other high-functioning autism spectrum disorders in school-age children. *Journal of Autism and Developmental Disorders, 29*(2), 129–141.

Ernsperger, L., & Stegen-Hanson, T. (2004). *Just take a bite: Easy, effective answers to food aversions and eating challenges.* Arlington, TX: Future Horizons.

Falco, R., Janzen, J., Arick, J., Wilgus, K., & DeBoer, M. (1990). *Project QUEST in service manual: Functional assessment of student needs and functional instruction for communication, social interactions, self-management, and choice.* Portland, OR: Department of Special and Counselor Education, Portland State University.

Feinberg, E., & Vacca, J. (2000). The drama and trauma of creating policies on autism: Critical issues to consider in the new millennium. *Focus on Autism and Other Developmental Disabilities, 15,* 130–137.

Ferguson, H., Myles, B., & Hagiwara, T. (2005). Using a personal digital assistant to enhance the independence of an adolescent with Asperger syndrome. *Education and Training in Developmental Disabilities, 40,* 60–67.

Filipek, P., Accardo, D., Baranek, G., Cook, E., Dawson, G., Gordon, B., . . . Volkmar, F. R. (1999) The screening and diagnosis of autism spectrum disorders. *Journal of Autism and Developmental Disorders, 29,* 439–484.

Fisman, S., & Wolf, L. (1991). The handicapped child: Psychological effects of parental, marital and sibling relationships. *Psychiatric Clinics of North America, 14,* 199–217.

Foster-Johnson, L., Ferro, J., & Dunlap, G. (1994). Preferred curricular activities and reduced problem behavior in students with intellectual disabilities. *Journal of Applied Behavior Analysis, 27,* 493–504.

Frea, W., Arnold, C., & Vittimberga, G. (2001). A demonstration of the effects of augmentative communication on extreme aggressive behavior of a child with autism within an integrated preschool setting. *Journal of Positive Behavior Interventions, 3,* 194–198.

[6] Frith, U. (1989). *Autism: Explaining the enigma.* Oxford, UK: Basil Blackstock.

[7] Frith, U. (1992). *Autism and Asperger syndrome.* Cambridge, UK: Cambridge University Press.

Fullerton, A., Stratton, J., Coyne, P., & Gray, C. (1996). *Higher functioning adolescents and young adults with autism.* Austin, TX: Pro-Ed.

Ghaziuddin, M., & Mountain-Kimchi, K. (2004). Defining the intellectual profile of Asperger syndrome: Comparison with high-functioning autism. *Journal of Autism and Developmental Disorders, 34,* 279–284.

Gillberg, C. (1990). *Diagnosis and treatment of autism.* New York, NY: Plenum Press.

[8] Gillberg, C., & Coleman, M. (1992). *Biology of the autistic syndromes* (2nd ed.). London, UK: MacKeith Press.

Gilliam, J. (1995). *Gilliam Autism Rating Scale (GARS).* Austin, TX: Pro-Ed.

Gilliam, J. E. (2001). *Gilliam Asperger Disorder Scale.* Austin, TX: Pro-Ed.

Glascoe, F. (1997). *Parents' evaluation of developmental status.* Nashville, TN: Ellsworth & Vandermeer Press.

[9] Goldberg, E. (2001). *The executive brain: Frontal lobes and the civilized mind.* New York, NY: Oxford.

Grandin, T. (1984). My experiences as an autistic child: A review of selected literature. *Journal of Orthomolecular Psychiatry, 13,* 144–174.

Grandin, T. (1992). An inside view of autism. In E. Schopler & G. Mesibov (Eds.), *High functioning individuals with autism* (pp. 105–126). New York, NY: Plenum.

[10] Grandin, T., & Scariano, M. (1986). *Emergence: Labeled autistic.* Novato, CA: Arena Press.

Greenspan, S., & Wieder, S. (2000). Developmental approach to difficulties in relating and communicating in autism spectrum disorders and related syndromes. In A. Wetherby & B. Prizant (Eds.), *Autism spectrum disorders: A transactional developmental perspective* (Vol. 9, pp. 279–303). Baltimore, MD: Paul H. Brookes.

Greenspan, S. I., DeGangi, G., & Wieder, S. (2001). *Functional Emotional Assessment Scale for Infancy and Early Childhood (FEAS).* Bethesda, MD: The Interdisciplinary Council on Developmental and Learning Disorders.

[11] Grinker, R. R. (2007). *Unstrange minds: Remapping the world of autism.* New York, NY: Basic Books.

Griswold, D., Barnhill, G., Myles, B., Hagiwara, T., & Simpson, R. (2002). Asperger syndrome and academic achievement. *Focus on Autism and Other Developmental Disabilities, 17,* 94–102.

Harrison, P. (1985). *Vineland Adaptive Behavior Scales (VABS)* (classroom edition). Circle Pines, MN: American Guidance Service.

Hart, B., & Risly, T. (1995). *Meaningful differences in the everyday experiences of young American children.* Baltimore, MD: Paul H. Brookes.

Hendrick-Keefe, C. (1995). Portfolios: Mirrors of learning. *Teaching Exceptional Children, 27,* 66–67.

Henry, S. & Myles, B. S. (2007). *The Comprehensive Autism Planning System (CAPS) for individuals with Asperger syndrome, autism and related disabilities: Integrating best practices throughout the student's day.* Shawnee Mission, KS: Autism Asperger Publishing.

Herskowitz, V. (2008). Using technology to learn and grow: Computer-based intervention for individuals with autism. *Autism Advocate, 52*(3), 18–22.

[12] Hieneman, M., Childs, K., & Sergay, J. (2006). *Parenting with positive behavioral support: A practical guide to resolving your child's difficult behavior.* Baltimore, MD: Paul H. Brookes.

Horner, R. Carr, E., Strain, P., Todd, A., & Reed, H. (2002). Problem behavior interventions for young children with autism: A research synthesis. *Journal of Autism and Developmental Disorders, 32*(5), 423–446.

Horvath, K., Papadimitriou, J. Rabsztyn, A., Drachenberg, C., & Tilden, J. (1998). Gastrointestinal abnormalities in children with autistic disorder. *Journal of Pediatrics, 135,* 559–563.

Howlin, P. (1988). Living with impairment: The effects on children having an autistic sibling. *Child: Care, Health and Development, 14,* 395–408.

Hughes, C. (2001). Executive dysfunction in autism: Its nature and implications for everyday problems experienced by individual with autism. In J. A. Burack & T. Chairman (Eds.), *The development of autism: Perspectives from theory and research* (pp. 255–275). Mahwah, NJ: Lawrence Erlbaum Associates.

Ivey, M., Heflin, J., & Alberto, P. (2004). The use of social stories to promote independent behaviors in novel events for children with PDD-NOS. *Focus on Autism and Other Developmental Disabilities, 19,* 164–176.

Janzen, J. (2003). *Understanding the nature of autism: A guide to the autism spectrum disorders.* San Antonio, TX: PsychCorp.

Jepson, B. (2007). *Changing the course of autism: A scientific approach to treating your autistic child.* Boulder, CO: Sentient.

Johnston, J. (1982). Narratives: A new look at communication problems in older language-disordered children. *Language, Speech, and Hearing Services in Schools, 13,* 144–155.

Kanner, L. (1943). Autistic disturbances of affective content. *Nervous Child, 2,* 217–250.

Kaufman, N., & Lord Larson, V. (2005). *Asperger syndrome: Strategies for solving the social problem.* Eau Claire, WI: Thinking Publications.

Kellner, M. (2003). *Anger management skills for parents of young adolescents.* Champaign, IL: Research Press.

Klecan-Aker, J., & Kelty, K. (1990). An investigation of oral narratives of normal and language-learning disabled children. *Journal of Childhood Communication Disorders, 13,* 207–216.

Klinger, L., & Dawson, G. (1992). Facilitating early social and communication development in children with autism. In S. F. Warren & J. Reichle (Eds.), *Volume 1: Causes and effects in communication and language intervention* (pp. 157–186). Baltimore, MD: Paul H. Brookes.

[13] Koegel, L., & Koegel, R. (2006). *Pivotal response treatments for autism.* Baltimore, MD: Paul H. Brookes.

Krug, D., Arick, J., & Almond, P. (1993). *Autism Screening Instrument for Educational Planning (Asperger syndrome IEP-2)* (2nd ed.). Austin, TX: Pro-Ed.

Krug, D. A., & Arick, J. R. (2003). *Krug Asperger's Disorder Index (KADI)*. Austin, TX: Pro-Ed.

Kuoch, H., & Mirenda, P. (2003). Social story interventions for young children with autism spectrum disorders. *Focus on Autism and Other Developmental Disabilities, 18*, 219-227.

Kuttler, S., Miles, B., & Carson, J. (1999). The use of social stories to reduce precursors to tantrum behavior in a student with autism. *Focus on Autism and Other Developmental Disabilities, 13*, 176-182.

Lahey, M. (1988). *Language disorders and language development*. New York, NY: Macmillian.

Lantz, J., Nelson, J., & Loftin, R. (2004). Guiding children with autism in play: Applying the integrated play group model in school settings. *Exceptional Children, 37*(2), 8-14.

Lifter, K., Sulzer-Azaroff, B., Anderson, S., & Cowdery, G. (1993). Teaching play activities to preschool children with disabilities: The importance of developmental considerations. *Journal of Early Intervention, 17*, 139-159.

Linderman, T., & Stewart, K. (1998). Sensory-integrative based occupational therapy and functional outcomes in young children with pervasive developmental disorders: A single-subject design. *American Journal of Occupational Therapy, 53*, 207-213.

Lord, C., & Corsello, C. (2005). Diagnostic instruments in autism spectrum disorders. In F. Volkmar, R. Paul, A. Klin, & D. Cohen (Eds.), *Handbook of autism and pervasive developmental disorders: Vol. Two. Assessments, interventions and policy* (pp. 730-771). Hoboken, NJ: Wiley.

Lord, C., Rutter, M., DiLavore, P., & Risi, S. (1999). *Autism Diagnostic Observation Scale-WPS* (WPS ed.). Los Angeles, CA: Western Psychological Services.

Lovaas, O. I., Schreibman, L., Koegel, R., & Rehm, R. (1971). Selective responding by autistic children to multiple sensory input. *Journal of Abnormal Psychology, 77*, 211-222.

MacIntosh, K., & Dissanayake, C. (2004). Annotation: The similarities and differences between autistic disorder and Asperger's disorder: A review of empirical evidence. *Journal of Child Psychology and Psychiatry, 45*, 421-434.

Maestro, S., Muratori, F., Cavallaro, M., Pei, F., Stern, D. Golse, B., . . . Palacio-Espasa, F. (2001). Early behavioral development in autistic children: The first two years of life through home movies. *Psychopathology, 34*(3), 147-152.

Magiati, I., & Howlin, P. (2003). A pilot evaluation study of the Picture Exchange Communication System for children with Autistic Spectrum

Disorder. *Autism: the International Journal of Research and Practice, 7*, 297-320.

Mahoney, G., & McDonald, J. (2003). *Responsive teaching: Parent-mediated developmental intervention*. Cleveland, OH: Case Western Reserve University.

Manjiviona, J., & Prior, M. (1995). Comparison of Asperger syndrome and high functioning autistic children on a test of motor impairment. *Journal of Autism and Developmental Disorders, 25*, 23-39.

Marriage, K., Gordon, V., & Brand, L. (1995). A social skills group for boys with Asperger's syndrome. *Australian and New Zealand Journal of Psychiatry, 29*, 58-62.

Marshall, L., & Mirenda, P. (2002). Parent-professional collaboration for positive behavior supports in the home. *Focus on Autism and Other Developmental Disabilities, 17*, 216-228.

Mesibov, G., Schopler, E., Schaffer, B., & Landrus, R. (1988). *Adolescent and adult psychoeducational profile (AAPEP)*. Austin, TX: Pro-Ed.

Miller, J. N., & Orzonoff, S. (2000). The external validity of Asperger disorder: Lack of evidence from the domain of neuropsychology. *Journal of Abnormal Psychology, 109*, 227-238.

Millward, C., Ferriter, M., Calver, S., & Connell-Jones, G. (2004). Gluten- and casein-free diets for autism spectrum disorders [Review]. Cochrane Development, Psychosocial and Learning Problems Group. *Cochrane Database of Systematic Reviews, 2*.

Milshtein, S., Yirmiya, N., Oppenheim, D., Koren-Karie, N. & Levi, S. (2010). Resolution of the diagnosis among paretns of children with autism spectrum disorder: Associations with child and parent characterisitics. *Journal of Autism and Developmental Disorders, 40*(1), 89-99.

Minjarez, M., Williams, S., Mercier, E., & Hardan, A. (2011). Pivotal response group treatment for parents of children with autism. *Journal of Autism and Developmental Disorders, 41*(1), 92-101.

Mirenda, P. (2001). Autism, augmentative communication and assistive technology: What do we really know? *Focus on Autism and Other Developmental Disabilities, 16*, 141-151.

Mirenda, P. (2003). Toward functional augmentative and alternative communication for students with autism: Manual signs, graphic symbols, and voice output communication aides. *Language, Speech, and Hearing Services in Schools, 34*, 202-215.

Moore, M., & Calvert, S. (2000). Vocabulary acquisition for children with autism: Teacher or computer instruction. *Journal of Autism and Developmental Disorders, 30*, 359-362.

Morton, K., & Wolford, S. (1994). *Analysis of Sensory Behavior Inventory (ASBI R)* (Rev. ed.). Arcadia, CA: Skills with Occupational Therapy.

Mundy, P. (1995). Joint attention, social-emotional approach in children with autism. *Development and Psychopathology, 7*, 63-82.

Mundy, P., Sigman, M., Ungerer, J., & Sherman, T. (1986). Defining social deficits in autism: The contribution of non-verbal communication measures. *Journal of Child Psychology and Psychiatry, 27*, 657–669.

Myles, B., & Andreon, C. (2001). *Asperger syndrome: practical solutions for program planning.* Shanwee Mission, KS: Autism Asperger.

Myles, B., Bock, S., & Simpson, R. (2002). *Asperger Syndrome Diagnostic Scale (ASDS).* Austin, TX: Pro-Ed.

Myles, B., & Simpson, R. (2001). Understanding the hidden curriculum: An essential social skill for children and youth with Asperger syndrome. *Intervention in School and Clinic, 36*, 279–286.

Myles, B., & Simpson, R. (2003). *Asperger syndrome: A guide for educators and parents* (2nd ed.). Austin, TX: Pro-Ed.

Nadig, A., Ozonoff, S., Young, G., Rozqa, A., Sigman, M., & Rogers, S. (2007). A prospective study of response to name in infants at risk for autism. *Archives of Pediatric and Adolescent Medicine, 161*(4), 378–383.

National Institutes of Health. (2012). *School to work transition and Asperger syndrome.* Retrieved from http://www.ncbi.nlm.nih.gov/pubmed/19029670

National Research Council. (2001). *Educating children with autism.* Washington, DC: National Academy Press.

Neihus, R., & Lord, C. (2006). Early medical history of children with autism spectrum disorders. *Journal of Developmental Behavioral Pediatrics, 27*(2), 120–127.

Neisworth, J., & Wolfe, P. (2005). *The autism encyclopedia.* Baltimore, MD: Paul H. Brookes.

O'Brien, M,. & Daggett, J. (2006). *Beyond the autism diagnosis: A professional's guide to helping families.* Baltimore, MD: Paul H. Brookes.

Osterling, J., Dawson, G., & Munson, J (2002). Early recognition of 1-year-old infants with autism spectrum disorder versus mental retardation. *Development and Psychopathology, 14*(2), 239–251.

Owens, R. (2005). *Language development: An introduction* (6th ed.). Boston, MA: Allyn & Bacon.

Ozonoff, S., Dawson, G., & McPartland, J. (2002). *A parent's guide to Asperger syndrome and high-functioning autism: How to meet the challenges and help your child thrive.* New York, NY: Guilford Press.

Ozonoff, S., & Miller, J. (1995). Teaching theory of mind: A new approach to social skills training for individuals with autism. *Journal of Autism and Developmental Disorders, 25*, 415–433.

Pangborn, J., & Baker, S. (2001). *Biomedical assessment options for children autism and related problems: A consensus report of Defeat Autism Now!* San Diego, CA: Autism Research Institute.

Partington, J. W., & Sundberg, M. (1998). *Assessment of Basic Language and Learning Skills (ABLLS).* Pleasant Hill, CA: Behavior Analysts Incorporated.

Pellicano, E., Maybery, M., & Durkin, K. (2005). Central coherence in typically developing preschoolers: Does it cohere and is it related to mindreading and executive control? *Journal of Child Psychology and Psychiatry, 46*(5), 533–547.

Pozdol, S. (2004). Psychometric properties of the STAT for early autism screening. *Journal of Autism and Developmental Disorders, 34*, 691–701.

Prizant, B. (1983). Language acquisition and communicative behavior in autism: Toward an understanding of the "whole" of it. *Journal of Speech and Language Disorders, 48*, 296–307.

Prizant, B., Wetherby, A., & Rydell, P. (2000). Communication intervention issues for children with autism spectrum disorders. In A. Wetherby & B. Prizant (Eds.), *Autism spectrum disorders: A transactional developmental perspective* (pp. 193–224). Baltimore, MD: Paul H. Brookes.

Randall, P., & Parker, J. (1999). *Supporting the families of children with autism.* Chichester, UK: John Wiley & Sons.

Ray, T., King, L., & Grandin, T. (1988). The effectiveness of self-initiated vestibular stimulation in producing speech sounds in an autistic child. *Occupational Therapy Journal of Research, 8*, 186–190.

Reichelt, K. Knivsberg, A., Nodland, M., & Lind, G. (1994). Nature and consequences hyperpeptiduria and bovine casomorphines found in autistic syndromes. *Developmental Brain Dysfunction, 7*, 71–85.

Reilly, C., Nelson, D., & Bundy, A. (1984). Sensorimotor versus fine motor activities in eliciting vocalization in autistic children. *Occupational Therapy Journal of Research, 3*, 199–212.

Rellini, E., Tortolani, D., Trillo, S., Carbone, S., & Montecchi, F. (2004). Childhood Autism Rating Scale (CARS) and Autism Behavior Checklist (ABC): Correspondence and conflicts with the DSM-IV (2000) criteria in the diagnosis of autism. *Journal of Autism and Developmental Disorders, 34*, 703–708.

Reynolds, C., & Kamphaus, R. (1992). *Behavior Assessment System for Children (BASC).* Circle Pines, MN: American Guidance Services.

Richard, G., & Hanner, M. (2005). *The Language Processing Test-3* (3rd ed.). East Moline, IL: LinguiSystems.

Riley, A. M. (1994). *Evaluating Acquired Skills in Communication (EASIC-R)* (Rev. ed.). Austin, TX: Pro-Ed.

Rivers, J. & Stoneman, Z. (2008). Child temperaments, differential parenting, and the sibling relationships of children with autism spectrum disorder. *Journal of autism and Developmental Disorders, 38*(9), 1740–1750.

Robins, D., & Dumont-Mathieu, T. (2006). Early screening for autism spectrum disorders: Update on the Modified Checklist for Autism in Toddlers and other measures. *Journal of Developmental and Behavioral Pediatrics, 27*, S111–S119.

Robins, D., Fein, D., Barton, M., & Green, J. (2001). The Modified Checklist for Autism in Toddlers: An initial study investigating the early detection of autism and pervasive developmental disorders. *Journal of Autism and Developmental Disorders, 31*, 131–144.

Rogers, S. (2006). Evidence-based interventions for language development in young children with autism. In T. Charman & W. Stone (Eds.), *Social and communication development in autism spectrum disorders: Early identification, diagnosis, and intervention* (pp. 143–179). New York, NY: Guilford Press.

Rogers, S., & Ozonoff, S. (2005). What do we know about sensory dysfunction in autism? A critical review of the empirical evidence. *Journal of Child Psychology and Psychiatry, 46*, 1255–1268.

Roid, G., & Miller, L. (2002). *Leiter International Performance Scale* (Rev. ed.). Wood Dale, IL: Stoelting.

Rosemond, J. (2008, July). *Do your child a favor—never tolerate tantrums*. Savannah, GA: Coastal Family.

Rubin, L. (2006). *Using superheroes in counseling and play therapy*. New York, NY: Springer.

Ruble, L., & Dalrymple, N. (2002). COMPASS: A parent-teacher collaborative model for students with autism. *Focus on Autism and Other Developmental Disabilities, 17*(2), 76–84.

Rutter, M. (2000). Genetic studies of autism: From the 1970s to the millennium. *Journal of Abnormal Psychology, 28*, 3–14.

Rutter, M., Bailey, A., Lord, C., & Berument, S. (2003). *Social Communication Questionnaire*. Los Angeles, CA: Western Psychological Services.

Rutter, M., LeCouteur, A., & Lord, C. (2003). *Manual for the Autism Diagnostic Interview* (WPS version). Los Angeles, CA: Western Psychological Services.

[16] Sachs, O. (1995). *An anthropologist on Mars: Seven paradoxical tales*. New York, NY: Alfred A. Knopf.

Schafer Autism Report. (2006). *Number of children in CA doubles*. Retrieved from http://www.sarnet.org

Schertz, H., & Odom, S. (2007). Promoting joint attention in toddlers with autism: A parent mediated developmental model. *Journal of Autism and Developmental Disorders, 37*(8), 1562–1575.

Schlosser, R. (2003, November). *Evidenced-based practice in augmentative and alternative communication*. Invited presentation at the American Speech-Language-Hearing Association Convention, Chicago.

Schlosser, R., & Lee, D. (2000). Promoting generalization and maintenance in augmentative and alternative communication: A meta-analysis of 20 years effectiveness research. *Augmentative and Alternative Communication, 16*, 208–227.

[17] Schopler, E., Reichler, R., Bashford, A., Lansing, M., & Marcus, L. (1990). *Psychoeducational Profile (PEP-R)* (2nd Rev. ed.). Austin, TX: Pro-Ed.

Schopler, E., Reichler, R., & Renner, B. (1988). *The Childhood Autism Rating Scale (CARS)*. Los Angeles, CA: Western Psychological Services.

Shattock, P., Kennedy, A., Rowell, F., & Berney, T. (1990). Role of neuropeptides in autism and their relationships with classical neurotransmitters. *Brain Dysfunction, 3*, 328–345.

Sherer, M., & Schriebman, L. (2005). Individual behavioral profiles and predictors of treatment effectiveness for children with autism. *Journal of Consulting and Clinical Psychology, 73*, 525–539.

Siegel, B. (1996). *Pervasive Developmental Disorders Screening Test (PDDST)*. Unpublished manuscript.

Siegel, B. (2008). *Getting the best for your child with autism. An expert's guide to treatment*. New York, NY: Guilford Press.

Siegel, B., & Hayer, C. (1999, April). *Detection of autism in the 2nd and 3rd year: The Pervasive Developmental Disorders Screening Test (PDDST)*. Paper presented at the Society for Research in Child Development, Albuquerque, NM.

Sigman, M., Mundy, P., Sherman, T., & Ungerer, J. (1986). Social interactions of autistic, mentally retarded, and normal children and their caregivers. *Journal of Child Psychology and Psychiatry, 27*, 647–656.

Sigman, M., & Ruskin, E. (1999). Continuity and change in social competence of children with autism, Down syndrome, and developmental delays. *Monographs of the Society for Research in Child Development, 64*(1).

Siller, M., & Sigman, M. (2002). The behaviors of parents of children with autism predict the subsequent development of their children's communication. *Journal of Autism and Developmental Disorders, 32*, 77–89.

Simpson, R. (2001). ABA and students with autism spectrum disorders: Issues and considerations for effective practice. *Focus on Autism and Other Developmental Disorders, 16*, 68–71.

Simpson, R. (2005). Evidence-based practices and students with autism spectrum disorders. *Focus on Autism and Other Developmental Disabilities, 20*(3), 140–149.

Smith, T., & Wick, J. (2008). Controversial treatments. In K. Chawarska, A. Klin, & F. Volkmar (Eds.), *Autism spectrum disorders in infants and toddlers* (pp. 243–273). New York, NY: Guilford Press.

Solomon, M., Ono, M., Timmer, l. & Goodlin-jones, A. (2008). The effectiveness of parent-child interaction therapy for families with children on the autism spectrum. *Journal of Autism and Developmental Disorders, 38*(9), 1767–1776.

South, M., Williams, B., MacMahon, W., Owely, T., Filipek, P., Shernoff, E., . . . Ozonoff, S.(2002). Utility of the Gilliam Autism Rating Scale in research and clinical populations. *Journal of Autism and Developmental Disorders, 32*, 593–599.

Sparrow, S. S., Balla, D. A., & Cicchetti, D. V. (1998). *Vineland Social-Emotional Childhood Scales (SEEC)*. Circle Pines, MN: American Guidance Service.

Squires, J., Bricker, D., & Twombly, E. (with Yockelson, S., Davis, M. S., & Kim, Y.). (2002). *Ages and Stages Questionnaires: Social-Emotional: A parent-completed, child-monitoring system for social-emotional behaviors (ASQ:SE)*. Baltimore, MD: Paul H. Brookes.

Squires, J., Potter, L., & Bricker, D. (1999). *The ASQ user's guide for the Ages and Stages Questionnaires: A parent-completed, child monitoring system* (2nd. ed.). Baltimore, MD: Paul H. Brookes.

Stanford, P., & Siders, J. (2001). Authentic assessment for intervention. *Intervention in School and Clinic, 36*, 163–167.

Stewart, C. (2004). *Family stories of Asperger syndrome*. Unpublished manuscript, Radford University, Radford, VA.

Stone, W., Coonrod, E., & Ousley, T. (2000). Brief report: Screening tool for autism in two-year olds (STAT): Development and preliminary data. *Journal of Autism and Developmental Disorders, 30*, 607–612.

Stone, W., Coonrod, E., Turner, C., & Pozdol, G. (2004). Psychometric properties of the STAT for early autism screening. *Journal of Autism and Developmental Disorders, 34*, 691–701.

Stone, W., & Ousley, O. (1997). *STAT manual: Screening Tool for Autism in Two-Year Olds*. Unpublished manuscript, Vanderbilt University, Nashville, TN.

Stone, W., Ousley, O., Yoder, P., Hogan, K., & Hepburn, S. (1997). Nonverbal communication in 2 and 3-year old children with autism. *Journal of Autism and Developmental Disabilities, 27*, 677–696.

Sundbye, N. (2001). *Assessing the struggling reader: What to look for and how to make sense of it*. Lawrence, KS: Curriculum Solutions.

Sutcliffe, J., Delahanty, R., Prasad, H., McCauley, J., Han, Q., Jiang, L., . . . Blakely, R. D. (2005). Allelic heterogeneity at the serotonin transporter locus (SLC6A4) confers susceptibility to autism and rigid-compulsive behaviors. *American Journal of Human Genetics, 77*, 265–279.

Sweeten, T., Posey, D., & McDougle, C. (2004). Brief report: Autistic disorder in three children with cytomegalovirus infection. *Journal of Autism and Developmental Disabilities, 34*(5), 583–586.

Swicegood, P. (1994). Portfolio-based assessment practices: The uses of portfolio assessment for students with behavioral disorders or learning disabilities. *Intervention School and Clinic, 30*, 6–15.

[20] Tannen, D. (1990). *You just don't understand*. New York, NY: William Morrow.

Tsai, L. (2000). Children with autism spectrum disorders: Medicine today and in the new millennium. *Focus on Autism and Other Developmental Disabilities, 15*, 138–145.

[21] Volkmar, F., & Klin, A. (2000). Diagnostic issues. In A. Klin, F. Volkmar, & S. Sparrow (Eds.), *Asperger syndrome* (pp. 25–71). New York, NY: Guilford Press.

Volkmar, F., Lord, C., Bailey, A., Schultz, R., & Klin, A. (2004). Autism and pervasive developmental disorders. *Journal of Child Psychology and Psychiatry, 45*, 135–170.

[22] Volkmar, F., Westphal, A., Gupta, A., & Wiesner, L. (2008). Medical issues. In K. Chawarska, A. Klin, & F. Volkmar (Eds.), *Autism spectrum disorders in infants and toddlers: Diagnosis, assessment and treatment* (pp. 274–299). New York, NY: Guilford Press.

Wassink, T., Brzustowicz, L., Bartlett, C., & Szatmari, P. (2004) The search for autism disease genes. *Mental Retardation Developmental Disabilities Research Review, 10*(4), 272–283.

[23] Watson, L., Lord, C., Schaffer, B., & Schopler, E. (1989). *Teaching spontaneous communication to autistic and developmentally handicapped children.* New York, NY: Irvington.

Watters, A. (2005). *Theory of mind and children with Asperger syndrome.* (Unpublished master's thesis). Radford University, Radford, VA.

Wendt, O., Schlosser, R. & Lloyd, L. (2002, November). *AAC for children with autism: A meta-analysis for intervention.* Paper presented at the American Speech-Language-Hearing Association Annual Convention, Atlanta, GA.

Werner, E., Dawson, G., Osterling, J., & Dinno, N. (2000). Brief report: Recognition of autism spectrum disorder before one year of age: A retrospective study based on home videotapes. *Journal of Autism and Developmental Disorders, 30*(2), 157–162.

Wetherby, A., & Prizant, B. (1993). *Communication and Symbolic Behavior Scales-Normed Edition.* Baltimore, MD: Paul H. Brookes.

Wetherby, A., Prizant, B., & Hutchinson, T. (1998). Communicative, social-affective, and symbolic profiles of young children with autism and pervasive developmental disorder. *American Journal of Speech-Language Pathology, 7*, 79–91.

Wetherby, A., & Prutting, C. (1984). Profiles of communicative and cognitivesocial abilities in autistic children. *Journal of Speech and Hearing Research, 27*, 364–377.

Wetherby, A., & Woods, J. (2002). *Systematic observation of red flags for autism spectrum disorders in young children.* Unpublished manual, Florida State University, Tallahassee.

[24] Wetherby, A., & Woods, J. (2008). Developmental approaches to treatment. In K. Chawarska, A. Klin, & F. Volkmar (Eds.), *Autism spectrum disorders in infants and toddlers: Diagnosis, assessment and treatment* (pp. 170–206). New York, NY: Guilford Press.

Wetherby, A., Woods, J., Allen., Cleary, J., Dickenson, H., & Lord, C. (2004). Early indicators of autism spectrum disorders in the second year of life. *Journal of Autism and Developmental Disorders, 34*, 473–493.

Wetherby, A., Yonclas, D., & Bryan, A. (1989). Communication profiles of handicapped preschool children: Implication for early identification. *Journal of Speech and Hearing Disorders, 54*, 148–158.

Whalen, C., & Schreibman, L. (2003). Joint attention training for children with autism using behavior modification procedures. *Journal of Child Psychology and Allied Disciplines, 44*(3), 456–468.

[25] Wheeler, M. (2004). *Toilet training for individuals with autism and related disorders*. Arlington, TX: Future Horizons.

Wiig, E., & Secord, W. (1989). *The Test of Language Competence* (Expanded ed.). San Antonio, TX: Psychological Corp.

[26] Williams, D. (1992). *Nobody nowhere: The extraordinary autobiography of an autistic*. New York, NY: Avon Books.

[27] Williams, D. (1994). *Somebody somewhere: Breaking free from the world of autism*. New York, NY: Times Books.

Willis, C. (2006). *Teaching young children with autism spectrum disorder*. Beltsville, MD: Gryphon House.

Wing, L. (1981). Asperger's syndrome: A clinical account. *Psychological Medicine, 11*, 115–119.

[28] Wing, L. (1996). *The autistic spectrum: A guide for parents and professionals*. London, UK: Constable.

Wing, L. (1998). The history of Asperger syndrome. In E. Schopler, G. Mesibov, & L. Kunce (Eds.), *Asperger's syndrome or high functioning autism?* (pp. 11–28). New York, NY: Plenum Press.

Wolfberg, P., & Schuler, A. (2006). Promoting social reciprocity and symbolic representation in children with autism spectrum disorders: Designing quality peer-play interventions. In T. Charman & W. Stone (Eds.), *Social and communication development in autism spectrum disorders: Early identification, diagnosis, and intervention* (pp. 180–218). New York, NY: Guilford Press.

Yairi, E (2012). *Stuttering: Foundations and clinical applications*. Upper Saddle River, NJ: Pearson.

Yang, T., Wolfberg, P., Wu, S., & Hwu, P. (2003). Supporting children with autism spectrum in peer play at home and school: Piloting the integrated play groups model in Taiwan. *Autism: International Journal of Research and Practice, 7*(4), 437–453.

Yoder, P., & McDuffie, A. (2006). Treatment of responding to and initiating joint attention. In T. Charman & W. Stone (Eds.), *Social and communication development in autism spectrum disorders: Early identification, diagnosis, and intervention* (pp. 117–142). New York, NY: Guilford Press.

Zachman, L., Barrett, M., Huisingh, R., Orman, J., & Blagden, C. (1991). *Test of Problem Solving-Adolescent*. East Moline, IL: LinguiSystems.

Zachman, L., Huisingh, R., Barrett, M., Orman, J., & LoGiudice, C. (1994). *Test of Problem Solving-Elementary* (Rev. ed.). East Moline, IL: LinguiSystems.

Zeitlin, S., Williamson, G. G., & Szczepanski, M. (1988). *Early Coping Inventory (ECI)*. Bensenville, IL: Scholastic Testing Service.

Zercher, C., Hunt, P., Schuler, A., & Webster, J. (2001). Increasing joint attention, play and language through peer-supported play. *Autism: International Journal of Research and Practice, 5*, 374-398.

◆ 邦訳が出版されている文献

〔1〕 Attwood, T. (1998)．／アトウッド（著）　冨田真紀・内山登紀夫・鈴木正子（訳）（1999）．ガイドブックアスペルガー症候群─親と専門家のために　東京書籍

〔2〕 Baron-Cohen, S., Tager-Flusberg, H., & Cohen, D. (1993)．／バロン＝コーエン・ターガー＝フラスバーグ・コーエン（編著）　田原俊司（監訳）（1997）．心の理論─自閉症の視点から（上下巻）　八千代出版

〔3〕 Delacato, C. (1974)．／デラカート（著）　阿部秀雄（訳）（1981）．さいはての異邦人─いま自閉の謎を解く　風媒社

〔4〕 Dunn, W. (1999)．／ダン（著）　萩原　拓・岩永竜一郎・伊藤大幸・谷　伊織（日本版作成）（2015）．日本版感覚プロファイル　日本文化科学社

〔5〕 Dunn, W. (2002)．／ダン（著）　萩原　拓・岩永竜一郎・伊藤大幸・谷　伊織（日本版作成）（2015）．日本版乳幼児感覚プロファイル　日本文化科学社

〔6〕 Frith, U. (1989)．／フリス（著）冨田真紀・清水康夫・鈴木玲子（訳）（2009）．新訂　自閉症の謎を解き明かす　東京書籍

〔7〕 Frith, U. (1992)．／フリス（編著）冨田真紀（訳）（1996）．自閉症とアスペルガー症候群　東京書籍

〔8〕 Gillberg, C., & Coleman, M. (1985)．／ギルバーグ・コールマン（著）高木俊一郎・高木俊治（監訳）（1986）．自閉症のバイオロジー─新しい理解と治療教育の手引　学苑社

〔9〕 Goldberg, E. (2001)．／ゴールドバーグ（著）沼尻由起子（訳）（2007）．脳を支配する前頭葉─人間らしさをもたらす脳の中枢　講談社

〔10〕 Grandin, T., & Scariano, M. (1986)．／グランディン・スカリアノ（著）カニングハム久子（訳）（1994）．我、自閉症に生まれて　学研

〔11〕 Grinker, R. R. (2007)．／グリンカー（著）佐藤美奈子（訳）（2016）．自閉症：ありのままに生きる─未知なる心に寄り添い未知ではない心に　星和書店

〔12〕 Hieneman, M., Childs, K., & Sergay, J. (2006)．／ハイネマン・チャイルズ・セルゲイ（著）　神山　努・大久保賢一（訳）（2014）．子育ての問題をPBSで解決しよう！──ポジティブな行動支援で親も子どももハッピーライフ　金剛出版

〔13〕 Koegel, L., & Koegel, R. (2006)．／ケーゲル・ケーゲル（著）氏森英亞・小笠原　恵（監訳）（2009）．機軸行動発達支援法　二瓶社

〔14〕 Neisworth, J., & Wolfe, (2005)．／ネイスワース・ウルフ（編）小川真弓・徳永優

〔15〕 Ozonoff, S., Dawson, G., & McPartland, J.（2002）．／オゾノフ・ドーソン・マックパートランド（著）田中康雄・佐藤美奈子（訳）（2004）．みんなで学ぶアスペルガー症候群と高機能自閉症　星和書店

〔16〕 Sachs, O.（1995）．／サックス（著）吉田利子（訳）（2001）．火星の人類学者　早川書房

〔17〕 Schopler, E., Reichler, R., Bashfbrd, A., Lansing, M., & Marcus, L.（1990）．／ショプラー・茨木俊夫（著）（1995）．自閉児発達障害児教育診断検査―心理教育プロフィール（PEP-R）の実際　新訂　川島書店

〔18〕 Schopler, E., Reichler, R., & Renner, B.（1988）．／ショプラー・ライクラー・ラナー（著）佐々木正美（監訳）（2008）．新装版 CARS―小児自閉症評定尺度　岩崎学術出版社

〔19〕 Smith, T., & Wick, J.（2008）．／ハヴァースカ・クリン・フォークマー(編)竹内謙彰・荒木穂積（監訳）（2010）．乳幼児期の自閉症スペクトラム障害―診断・アセスメント・療育　クリエイツかもがわ

〔20〕 Tannen, D.（1990）．／タネン（著）田丸美寿々（訳）（2003）．わかりあえる理由わかりあえない理由―男と女が傷つけあわないための口のきき方8章　講談社

〔21〕 Volkmar, F. & Klin, A.（2000）．／クライン・ヴォルクマー・スパロー（編）小川真弓・徳永優子・吉田美樹（訳）（2008）．総説アスペルガー症候群　明石書店

〔22〕 Volkmar, F., Westphal, A., Gupta, A., & Wiesner, L.（2008）．／ハヴァースカ・クリン・フォークマー（編）竹内謙彰・荒木穂積（監訳）（2010）．乳幼児期の自閉症スペクトラム障害―診断・アセスメント・療育　クリエイツかもがわ

〔23〕 Watson, L., Lord, C., Schaffer, B., & Schopler, E.（1989）．／ワトソン・ロード・シェーファー・ショプラー（著）佐々木正美・青山　均（監訳）（1995）．自閉症のコミュニケーション指導法―評価・指導手続きと発達の確認　岩崎学術出版社

〔24〕 Wetherby, A., & Woods, J.（2008）．／ハヴァースカ・クリン・フォークマー（編）竹内謙彰・荒木穂積（監訳）（2010）．乳幼児期の自閉症スペクトラム障害―診断・アセスメント・療育　クリエイツかもがわ

〔25〕 Wheeler, M.（2004）．／ウィーラー（著）谷　晋二（監訳）（2005）．自閉症，発達障害児のためのトイレットトレーニング　二瓶社

〔26〕 Williams, D.（1992）．／ウィリアムズ（著）河野万里子（訳）（2000）．自閉症だったわたしへ　新潮社

〔27〕 Williams, D.（1994）．／ウィリアムズ（著）河野万里子（訳）（2001）．自閉症だったわたしへⅡ　新潮社

〔28〕 Wing, L.（1996）．／ウィング（著）久保紘章・佐々木正美・清水康夫（監訳）（1998）．自閉症スペクトル―親と専門家のためのガイドブック　東京書籍

索 引

◆ 人名

Asperger, H.（ハンス・アスペルガー）
　18, 145
Grandin, T.（テンプル・グランディン）
　145, 147
Kanner, L.（レオ・カナー）　12, 18
Keller, H. A.（ヘレン・ケラー）　63
Rosemond. J.（ジョン・ロゼモンド）
　132
Sullivan, A.（アニー・サリバン）
　63
Tannen, D.（デブラ・タネン）　184
Williams, D.（ドナ・ウィリアムズ）
　134, 135
Wing, L.（ローナ・ウィング）　64,
　134

◆ 英字

AAC　36, 45, 46
AAPEP　35
ABA　37
ABC-I　112
ABC-Iceberg　112
ADA　104
ADHD　171
ADI-R　33
ADOS　33
ASDS　34
BASC　35
CAPS　113
CARS　33
COMPASS　113
CT　99
DSM-5　24
DSM-IV　19, 138
DTT　96, 98, 111
ESY　115
GADS　34
GARS　34
IBP　106
IDEA　107, 114, 116, 175, 176
IEP　104, 107, 108, 114, 115,
　126, 175, 176, 180
IFSP　114
ITP　175, 176, 178
LIPS-R　135
M-CHAT　32, 99
NCLB　107, 117
PBS　123, 124, 126
PDA　55, 104, 157
PDD-NOS　22
PDDST　99
PDDST-II　32
PECS　36, 41, 42, 43, 111
PEP-3　35
PRT　36, 43, 44, 45, 97

索引

RTI　108
SCERTS　97, 98
SCQ　100
SIT　74
SORF　32
STAT　32
TEACCH　36, 109, 110, 111
ToM　25, 27
TONI-3　135
UCC　112
UNIT　135
VABS　35

◆ あ

愛着行動　17
足場がけ　93
アスペルガー障害診断尺度　34
アセスメントツール　112
遊び　90, 91, 92, 93
遊びの柔軟性　77
アップルビー・アプローチ　148
移行　103
1語文　89
意味論　134
意欲　43
色分けされた教材　36, 53, 57
インフォーマルアセスメント　36, 49
隠喩　145
ヴァインランド適応行動尺度　35
うつ病　20, 135
運動企図　73

運動面の特異性　13
ABCアプローチ　121
ABCチャート　122, 133
絵カード交換式コミュニケーションシステム　36, 41, 111
エコラリア　85
エンパワメント　132
応答訓練　98
応用行動分析　37
落ちこぼれ防止法　107
オペラント条件付け　96

◆ か

改訂版幼児用自閉症チェックリスト　99
学習環境　107, 118
学習障害　145, 175
学習方略　40
拡大・代替コミュニケーション　36, 45, 126
学年延長　115
隠れたカリキュラム　21, 27, 109
過読症　146, 171, 173
感覚遊び　90, 91
感覚刺激　142
感覚統合療法　74
感覚面の特異性　13
感情移入　43
慣用句　145
機軸反応訓練　36, 43, 97
基準喃語　88
機能的アセスメント　39, 52

機能的コミュニケーション
　　36, 41
機能的コミュニケーションスキル
　　41
機能的コミュニケーションの評価
　　36
機能的等価性　123
機能的な遊び　90, 91
機能分析　120, 124
気分障害　20
教育的介入に対する応答　107
教訓的行動アプローチ　96
きょうだい　17, 79, 80, 86
共同行為　91, 92
共同行為ルーティン　92
共同参照　91, 92
共同注意　30, 44, 91, 92, 95, 96, 98, 99, 100, 101
強迫性障害　20
ギリアムアスペルガー障害尺度
　　34
ギリアム自閉症評定尺度　34
携帯情報端末　55, 157
傾聴　49
系統的リスク信号観察用紙
　　32, 100
原会話　92
言語障害　175
言語性IQ　19
言語聴覚士　37, 90, 103, 107, 108
言語聴覚療法　20, 100
言語発達支援アプローチ　96, 97
限定された行動パターン　12

交差遊び　91
行動介入プログラム　58, 59
行動管理　65
行動契約　128, 129, 133
行動障害　70
行動調整ストラテジー　105
行動低減ストラテジー　127
行動様式　123
広汎性発達障害　22
広汎性発達障害スクリーニングテスト　99
広汎性発達障害スクリーニングテスト第2版　32
合理的配慮　104, 115, 180
心の理論　25, 138
504プラン　104, 115
個別移行支援計画　175, 178
個別家族支援計画　114
個別行動支援計画　106
個別指導計画　90, 104, 114, 118
個別障害者教育法　107, 175
コミュニケーション　12, 13, 24, 26, 36, 37, 39, 40, 41, 42, 43, 44, 53, 61, 73, 79, 81, 88, 92, 93, 95, 97, 103, 105, 110, 114, 117, 119, 123, 126, 140, 184
コミュニケーション障害　12, 13, 37
コミュニケーションスキル
　　36, 39, 41, 74, 81, 87, 126, 138, 143, 184
コミュニケーション能力　141
語用論　24, 97, 134, 138, 139

根拠に基づく実践　45, 98, 99, 168
コントロールセンター　75, 76, 86

◆ さ

サヴァン症候群　16
作業療法士　74
シークエンス・ストーリー　148
視覚支援　53
視覚スケジュール　36, 53, 54
志向性　88
自己管理　55
自己調整　25, 131
自己通過儀礼　43
自己統制　43
自己防衛　141
自傷行為　16, 127
自然主義的行動アプローチ　96, 97, 98
ジッグラトモデル　112, 113
失行　135
実行機能　13, 25, 27, 137
失読症　171, 173
児童用行動評価システム　35
自閉症及び近縁のコミュニケーション障害の子どものための治療と教育　109
自閉症診断観察検査　33
自閉症診断面接 改訂版　33
自閉症・発達障害児教育診断検査 三訂版　35
社会コミュニケーション・情動調整・交流型支援モデル　97
社会的コミュニケーション　24, 98, 157, 183
社会的（語用論的）コミュニケーション障害　22, 24
社会的スキル　79, 81, 90, 91, 94, 143, 155, 156
社会的スキルの障害　12
社会的相互作用　13, 24, 29, 90, 95, 141
社会的能力　140, 141
社交不安障害　172
集団スクリーニングツール　99
障害のあるアメリカ人法　104, 115
小グループ事例研究　97
象徴遊び　13, 90
常同運動　13
小児自閉症評定尺度　33
初期（primitive）ナラティブ　148
職業リハビリテーション　179
職業リハビリテーションカウンセラー　179
職業セラピスト　108
食習慣　70, 71
食物忌避　69
食物新奇性恐怖　70
真性（true）ナラティブ　148
スクールカウンセラー　178
スクリーニングツール　31, 32, 99, 100
スクリプト　93
精神障害の診断と統計マニュアル　22

青年期・成人期心理教育診断評価
　　法　　35
整理・整頓　　67, 68, 69
積極的行動支援　　39, 121, 123,
　　127
全般性不安障害　　171
早期介入　　99, 105, 172
早期支援　　105
双極性障害　　19, 20, 135
相互遊び　　91
相互作用　　97, 98
ソーシャルスキル　　133
ソーシャルスキルグループ
　　36, 49, 129, 185
ソーシャルスキルプログラム
　　50
ソーシャルストーリー　　36, 47,
　　48, 49, 103, 133
粗大運動　　142, 143

◆ た

ターン交替　　49
退行　　80, 115, 116, 159
第504条計画　　104, 115
対人コミュニケーション質問紙
　　100
対人的相互反応　　22, 23
第二次性徴　　129
タイムアウト　　124
他傷行為　　127
単一事例研究　　39, 97
単独遊び　　91
チェックリスト　　36, 53, 55, 56
知的障害　　175

注意欠如障害　　20
注意欠如・多動性障害　　20,
　　155, 156
抽象概念　　138, 145
抽象的思考　　29
中枢神経系　　17
中枢性聴覚処理障害　　20
中枢性統合　　26, 27
ディスレキシア　　171, 173
手がかり方略　　40
適応行動　　123
テクノロジー　　55, 83
伝統的行動アプローチ　　58
統合失調症　　20
統語論・音韻論　　134
動作性IQ　　19
トゥレット障害　　20
特性チェックリスト　　112
特定不能の広汎性発達障害　　22

◆ な

内容・形態・使用（CFU）チャート
　　37
2語文　　89
二次的誤信念課題　　138
乳幼児期自閉症チェックリスト
　　修正版　　32
乳幼児自閉症スクリーニングテスト
　　32
認知的方略　　39, 40
認知面の特異性　　13

索引

◆ は

排泄スキル　72
ハイパーレキシア　171, 173
発話交替　91
パニック　119
般化　44, 99
挽回　115
反響言語　85
反抗挑戦性障害　20, 155
反食　69, 70, 71, 72
反復行動　13
反復喃語　88
ヒープ・ストーリー　148
引きこもり　141
非言語コミュニケーション　87, 138
非言語性IQ　157
非言語性知能検査 第3版　135
非言語的コミュニケーション　23, 24
微細運動　142, 143
微細運動スキル　94
比喩　144
比喩的表現　138
ヒントカード　36, 53, 56, 57, 104
不安障害　20
フロアタイム　97, 98
プロソディ　184
プロンプト　98
平行遊び　91
偏食　69, 71
包括的指導アプローチ　133
包括的指導プログラム　46, 74, 82, 110
包括的自閉症（支援）計画システム　113
ポートフォリオ　37, 115

◆ ま

マインドブラインドネス　25
「万が一」シナリオ　51
ミニスケジュール　53
メタ認知的方略　40
メルトダウン　17, 50, 51, 62, 63, 83, 119, 120, 132, 136, 144, 160, 161
模倣遊び　90, 91
問題解決活動　50
問題解決スキル　94
問題行動　15, 40, 41, 44, 52, 58, 61, 62, 63, 64, 65, 68, 76, 105, 106, 114, 119, 120, 122, 123, 124, 125, 127, 128, 130, 132, 162

◆ や

ユニバーサル非言語性知能検査　135
欲求不満　79, 141
読み書き障害　135

◆ ら

ライター国際動作性知能検査 改訂版　135

離散試行型指導法　96, 111	レスパイトケア　17
リソースルーム　107	連鎖（chain）ナラティブ　148
離脱状態　175	ロールプレイ　51
ルール遵守訓練　99	ロバースアプローチ　96, 111

訳者あとがき

　本書は，自閉症スペクトラム障害のある子どもやその家族に対する原著者の 20 年余りにわたる豊富な実践経験と最新の知見が融合された良書です。保護者向けのガイドブックとしての位置づけで出版されているものであり，家庭における環境調整，学校との連携のあり方，「先輩」保護者の生の声など，自閉症スペクトラム障害の子どもを持つ保護者にとって役立つ本となっています。同時に，専門家にとっても自閉症スペクトラム障害の特性，アセスメントや支援のあり方，保護者の声を知る上でとても読み応えのある本です。

　この本との出会いは，川合が 2009 年に米国で開催された American Speech-Language-Hearing Association（ASHA）の年次大会に研究発表のため参加した際のブックフェアです。当時は出版から 1 か月も経っていない最新書で，飛ぶように売れていました。これは良書に違いないと思い，さっそく手に取りパラパラとめくりますと，発達アプローチや応用行動分析，包括的支援プログラムなどが総合的に紹介されており，保護者だけでなく，専門家にとっても学びの深化につながる本であると思いました。中でも特に感銘を受けたのが，「筆者が長年にわたる経験から学んだ最も重要なことは，『行動はメッセージである』ということです。これは，問題行動が文脈からかけ離れた罰せられるべき出来事ではなく，一種のメッセージだということです」というくだりです。コミュニケーション障害の専門家として，同じことを考え，これまで自閉症スペクトラム障害の子どもに接してきた川合にとっては，とても勇気付けられた瞬間でした。

　この本を是非日本でも紹介したいと考え，自閉症スペクトラム障害の研究者である若松に翻訳の話を持ちかけ，「是非に！」との返事を得てこの訳業が実現しました。今となっては笑い話ですが，いよいよ翻訳作業が終わりかけた頃に，第 2 版が出版され，その内容が初版から大幅に変更，加筆されていたことから，翻訳作業を一からやり直すような形になってしまいましたが，何とか出版にこぎつけることができました。

本書の訳業に際しては多くの方々のご協力を得ました。元川合ゼミ生の愛媛県立松山ろう学校教諭の渡部愛香氏，大分県佐伯市立渡町小学校の松尾咲氏，現川合ゼミ生の本学教育学部第一類（学校教育系）特別支援教育教員養成コース4年の森元沙衣氏，それから本学大学院教育学研究科博士課程後期教育学習科学専攻2年の河原麻子氏には，手書きの訳案データの打ち込みや訳文の流れの全体的な確認作業等を行っていただきました。心より感謝申し上げます。

　最後になりましたが，本書が出版されるまで，辛抱強く原稿のやりとりや翻訳の校正にお付き合いくださった北大路書房編集部の若森乾也氏，そして本書の出版に踏み切ってくださった奥野浩之氏に心からお礼を申し上げます。

2016年9月

川合　紀宗
若松　昭彦

原著者紹介

リン・アダムズ
Lynn Adams

　米国ジョージア州のバルドスタ州立大学コミュニケーション障害学科准教授。

　米国音声言語聴覚協会 (American Speech-Language-Hearing Association) の言語療法士 (Certificate of Clinical Competence in Speech-Language Pathology: CCC-SLP) の認定資格を持つ。専門領域は、自閉症スペクトラム障害及び言語発達障害。

　L. アダムズ博士は、大学で 15 年以上教鞭を取っており、フロリダ州立大学タラハシー校で学士と修士を、テネシー大学ノックスビル校で博士号を取得した。専門家として州内外の学協会で活躍している。

【訳者略歴】

川合紀宗（かわい・のりむね）
1972 年　大阪府に生まれる
2007 年　米国ネブラスカ大学リンカーン校大学院音声言語病理学・聴能学研究科博士課程音声言語病理学専攻　修了
現　在　広島大学大学院教育学研究科・国際協力研究科教授・教育学研究科附属特別支援教育実践センター長（Ph.D.（音声言語病理学））・米国音声言語聴覚協会（ASHA）認定言語療法士（CCC-SLP）
主著・論文　特別支援教育における吃音・流暢性障害のある子どもの理解と支援（編著）　学苑社　2013 年
　　　　　　幼児学用語集（分担執筆）　北大路書房　2013 年
　　　　　　インクルーシブ教育ってどんな教育？―インクルージョン・インクルーシブ教育システム―（共著）　学事出版　2016 年
　　　　　　特別支援教育総論―インクルーシブ時代の理論と実践―（編著）　北大路書房　2016 年
　　　　　　The effects of duration and frequency of occurrence of voiceless fricatives on listeners' perceptions of sound prolongations. Journal of Communication Disorders, 45, 161-172. 2012 年
　　　　　　Educational reform in Japan towards inclusion: Are we training teachers for success? International Journal of Inclusive Education, 19, 314-331. 2015 年

若松昭彦（わかまつ・あきひこ）
1959 年　山口県に生まれる
1988 年　九州大学大学院教育学研究科修士課程　修了
現　在　広島大学大学院教育学研究科教授（博士（教育学））
主著・論文　年長自閉症児の表情認知・表出に関する実験的研究　特殊教育学研究　第 27 巻第 3 号，19-30．1989 年
　　　　　　介護等体験における人間理解　教師を志すあなたへ（共著）中央法規出版　2001 年
　　　　　　動画を用いた自閉性障害児・者の表情理解学習　リハビリテイション心理学研究　第 33 巻第 1 号，17-28，2006 年
　　　　　　インクルーシブ教育の基盤となる学級経営に関する一考察―発達障害等の児童を包含する自治的な学級集団づくり―　学校教育実践学研究　第 19 巻，45-55，2013 年
　　　　　　インクルーシブ教育の基盤となる児童理解に関する一考察―特別な教育的支援を必要とする児童の理解と対応―　広島大学大学院教育学研究科附属特別支援教育実践センター研究紀要　第 11 号，35-43，2013 年
　　　　　　幼児学用語集（共著）北大路書房　2013 年

自閉症スペクトラム障害の子どもの親となったあなたへ
― 子育ての手引き ―

2016年11月10日	初版第1刷印刷
2016年11月20日	初版第1刷発行

著 者　リン・アダムズ
訳 者　川合紀宗
　　　　若松昭彦
発行所　㈱北大路書房
〒603-8303　京都市北区紫野十二坊町12-8
　　　　電話　(075) 431-0361 ㈹
　　　　FAX　 (075) 431-9393
　　　　振替　01050-4-2083

©2016　　　　　　　　　印刷・製本／㈱太洋社
検印省略　落丁・乱丁本はお取り替えいたします。
ISBN978-4-7628-2953-6 C0037　　Printed in Japan

・ JCOPY 〈㈳出版者著作権管理機構 委託出版物〉
本書の無断複写は著作権法上での例外を除き禁じられています。複写される場合は，そのつど事前に，㈳出版者著作権管理機構（電話 03-3513-6969,FAX 03-3513-6979,e-mail: info@jcopy.or.jp）の許諾を得てください。